Dominik Gügel

Grüne Fürsten am Bodensee

SILBERBURG

1. Auflage 2023

Coverfoto: Schloss Mainau,
© IMAGO/imagebroker.
Umschlaggestaltung, Satz und Layout:
Björn Locke, Herrenberg.
Lektorat: Michael Raffel, Tübingen.
Printed in Poland by CGS Printing.

ISBN 978-3-8425-2408-8

Dominik Gügel

Grüne Fürsten am Bodensee

Nikolaus II. Esterházy auf der Mainau

Napoleon III. auf dem Arenenberg

Wilhelm von Baden in Salem

SILBERBURG

Christina Egli,
meiner langjährigen Stellvertreterin,
mit herzlichem Dank für all ihre Mühe
gewidmet

Das Projekt Grüne Fürsten am Bodensee
steht unter der Schirmherrschaft von

Frau Cornelia Komposch
Regierungspräsidentin des Kantons Thurgau (Periode 2022/2023)

Herrn Urs Martin
Regierungspräsident des Kantons Thurgau (Periode 2023/2024)

Herrn Wilfried Kretschmann
Ministerpräsident des Bundeslandes Baden-Württemberg

Inhalt

Vorwort

Als vor knapp zwei Jahren die Idee zum Projekt *Grüne Fürsten am Bodensee* aufkam, ahnte ich noch nicht, was für eine ungeheuer spannende Forschung damit ins Rollen kam. Die Zusammenhänge zwischen Arenenberg, der Insel Mainau, Salem, Konstanz, Kreuzlingen, dem Thurgau und Linzgau, Wien, Paris, Rom etc. tauchten zwar in den vergangenen und aktuellen Untersuchungen des Napoleonmuseums immer wieder auf, erhielten anschließend aber auch regelmäßig wieder einen Platz in der berühmten »Schublade« mit der Aufschrift »weiterzuverfolgen«.

Das hat nun ein Ende, der erste Schritt ist getan, und viele weitere werden noch folgen. Denn die Lebenswelt der *Grünen Fürsten* gestaltet sich derart facettenreich, dass längst nicht alle verfügbaren Quellen und Details gesichtet werden konnten.

Ein Fehler? Nein, im Gegenteil! Ziel des vorliegenden Buches soll es sein, den Leserinnen und Lesern die oft als »verstaubt« geschmähte Zeit des »Biedermeier« in leichter, ja vielleicht sogar verspielter Form näherzubringen. Eine Transformation dieser Zeit ins 21. Jahrhundert.

In diesem Sinne sei an dieser Stelle Gustav Schwab zitiert, ein ohne Zweifel mehr als gern gesehener Gast an den Höfen der Grünen Fürsten. In der »Vorrede« zu seinem 1827 erstmals erschienenen Œuvre »Der Bodensee – Handbuch für Reisende und Freunde der Natur, Geschichte und Poesie« schreibt er:

»Schüchtern und im lebhaften Gefühle seiner vielfältigen Unvollkommenheiten übergebe ich [dieses Buch] dem Publikum. [Meine] Aufgabe war [...] durch die Menge der Quellen [...] mehr erschwert als erleichtert, sodass mir oft der Mut während der Ausarbeitung sinken wollte. Nur die tätige Unterstützung teilnehmender Freunde erleichterte mir das Werk [und ihre unermüdliche Hilfe] hinderte [...] sein gänzliches Misslingen.«

Mein tief empfundener Dank gilt:

> Seiner Königlichen Hoheit Bernhard Markgraf von Baden
> und Bettina Gräfin Bernadotte af Wisborg
> als Nachfahren der Grünen Fürsten.

Arenenberg: Christina Egli, Annette Flossmann, Annette Bühler, Peter Zadravec mit seinem ganzen Team. Peter Mössner und Daniel Brogle. Eliane Huber und Thomas Seiffert (Schriftwerk AG) als »Externe Berater«. **Bodenseegärten:** Monika Grünenfelder. **Esterházy-Privatstiftung:** Erwin Windisch, Florian Thaddäus Bayer. KWA Parkstift Rosenau **Konstanz:** Marina Gernard und Herbert Schlecht. **Kreuzlingen:** Dorena Raggenbass und ihrem Team. **Mainau GmbH:** Markus Zeiler und seinem ganzen Team, besonders Katharina Griesbaum. Andrea Reinl (a2r:media) als »Externe Beraterin«. **Malmaison:** Elisabeth Caude. **Museen Thurgau:** Hannes Geisser (Natur), Urs Leuzinger (Archäologie), Markus Landert (Kunst). **Rom:** Paolo de Gasperis. **Sankt Gallen:** Heinz Reinhart (Rutishauser Kunst- und Kulturfonds). **Schloss Salem:** Birgit Rückert (Staatliche Schlösser und Gärten Baden-Württemberg) und Ulf Hailer (Haus Baden). **Tübingen:** Bettina Kimpel und Gaby Schuska (Silberburg-Verlag). **Tulln:** Franz Gruber. **Wien:** Marco (von) Lutterotti, Wolfgang Sobotka (Nationalratspräsident)

Und nicht zuletzt meiner Frau, Petra Reinmöller, die meine grüne Leidenschaft(en) teilt und von ganzem Herzen unterstützt!

Konstanz-Petershausen
Im Juni 2023
Dominik Gügel

Eine Influencerin namens Joséphine

Die Geschichte, von der dieses Buch handelt, hätte sich in ähnlicher Form auch heute abspielen können. Im positiven Sinn »schuld« daran, dass sich unsere Protagonisten, Fürst Nikolaus II. Esterházy, Markgraf Wilhelm von Baden sowie Königin Hortense und ihr Sohn, Prinz Louis Napoléon (der spätere Kaiser Napoleon III.), in ihren abenteuerlichen Leben begegneten, ist die Mutter bzw. Großmutter der beiden Letztgenannten: die französische Kaiserin Joséphine (de Beauharnais), die innig geliebte erste Frau Kaiser Napoleons I.

Neben ihrer Rolle als Monarchin nahm Joséphine nach heutigen Maßstäben die Position der im wahrsten Sinne des Wortes *ersten Influencerin Europas* ein. Der ganze Kontinent orientierte sich an ihrem Geschmack. Joséphine legte vor, und alle eiferten ihr nach. Übrigens nicht nur diejenigen, die Rang und Namen hatten, sondern wirklich alle, die es sich irgendwie leisten konnten. Das galt nicht nur hinsichtlich Kleidung und Einrichtung oder für Kulturelles, sondern vor allem auch hinsichtlich der *grünen Themen*. Exotische und einheimische Pflanzen sowie Tiere, technische Hilfsmittel zu deren Kultivierung, moderne Anbaumethoden – alles, was man sich nur vorstellen kann. Joséphine gab nicht nur den Ton an, sondern auch Unsummen für ihre Leidenschaften aus. Das beeindruckte die Welt! Was die Kaiserin in ihrem Schloss Malmaison bei Paris errichtete bzw. gestaltete, musste man gesehen haben und dann natürlich – so weit wie möglich – auch selbst umsetzen.

Kaiserin Joséphine in Malmaison (Friedrich von Kaulbach).

Joséphine faszinierte die Menschen nicht nur während ihrer Ehe mit Napoleon I. Auch nach der Scheidung und der zweiten Heirat Napoleons mit Marie Louise von Österreich pilgerten die führenden Persönlichkeiten Europas weiter nach Malmaison und ließen sich von der Kaiserin (sie durfte den Titel weiter tragen) und ihrem Werk inspirieren.

Schloss Malmaison und sein Park.

Der sie umgebende Nimbus hielt bis zu ihrem frühen Tod 1814 an und übertrug sich dann auf ihre Tochter Hortense. Hortense war die Tochter von Joséphine mit ihrem ersten Mann Alexandre de Beauharnais. Nach dessen Hinrichtung während der Revolution heiratete Joséphine den aufstrebenden General Napoleon Bonaparte. Die Ehe blieb kinderlos, sodass Napoleon Hortense adoptierte und in ihr die Stammmutter der Bonaparte-Dynastie sah. Nicht nur deshalb erhielt die junge Frau im damals berühmten Institut von Madame Campan eine vorzügliche Ausbildung. Gegen ihren Willen wurde sie mit Louis Bonaparte,

dem anfänglichen Lieblingsbruder Napoleons, verheiratet. Obwohl die Ehe sehr unglücklich war, brachte sie drei Söhne auf die Welt (wovon zwei im Laufe der Zeit starben) und stieg an seiner Seite zur Königin von Holland auf. Schon bald trennte sich das Paar. Hortense hielt sich meist in bzw. bei Paris auf; entweder in ihrem eigenen Schloss Saint Leu (heute verschwunden) oder bei ihrer Mutter, Kaiserin Joséphine, in Malmaison. Dort wuchs auch Prinz Louis Napoléon, der spätere Kaiser Napoleon III., auf und bekam von seiner Mutter und Großmutter das »grüne Gen« eingepflanzt, welches ihn ein Leben lang begleiten sollte.

Hortense de Beauharnais als junge Frau.

Nach der Scheidung ihrer Mutter (1809) trat Hortense in die zweite Reihe und zog sich auch vom Hofleben des Kaisers immer mehr zurück. Ein Jahr später annektierte Frankreich Holland, Königin Hortense durfte ihren Titel aber nominell weiterführen und nahm als solche an den Hochzeitsfeierlichkeiten Napoleons I. mit Marie Louise von Österreich teil. Das französische Kaiserreich hatte seinen Zenit überschritten; auch wenn es immer wieder militärische Erfolge gab, zeichnete sich ein allmählicher Niedergang ab.

Nach der ersten Abdankung Napoleons I. (1814) erhielt Königin Hortense von den nun wieder regierenden Bourbonen den offiziellen Titel einer Herzogin von Saint Leu. Sie und ihre Mutter durften in Frankreich bleiben und lebten, von den Monarchen der Siegermächte hofiert, auf ihren Besitzungen.

Als Napoleon I. aus seiner Verbannung auf die Insel Elba zurückkehrte, nahm Hortense anfangs zögerlich während der noch heute sprichwörtlichen »100 Tage« die Position einer First Lady Frankreichs ein. Diese Entscheidung führte dazu, dass sie infolge der Niederlage von Waterloo (1815) ihr Vaterland verlassen musste und an den Bodensee floh.

Schloss Malmaison durfte sie nicht behalten, sein Ruf als Mekka der Garten- und Rosenfreunde bleibt aber in grünen Kreisen bis heute bestehen.

Hortense gelang es, die Aura ihrer Mutter und deren Ruf als Grüne Fürstin bis zu einem gewissen Grad auf sich selbst zu übertragen und damit aufrechtzuerhalten. Bewusst gestaltete sie Schloss Arenenberg, ihren Exilsitz am Bodensee, und seinen Park als zweites Malmaison.

Sie tat dies auch, um ihren einzigen überlebenden Sohn Louis Napoléon, den späteren Kaiser Napoleon III., außerhalb Frankreichs den Geist seiner Großmutter und die Zeit seines Onkels Napoleon I. spüren zu lassen. Konstanz und Arenenberg sollten *en miniature* die Rolle von Paris und Malmaison übernehmen.

Im Schlosspark von Malmaison.

Fürst Nikolaus beeindruckt die Welt

Wie soll, wie kann man sich dem Fürsten Nikolaus II. Esterházy, *Il Magnifico,* annähern? Wurde er in Anlehnung an den berühmten Lorenzo *il Magnifico* de Medici *der Prachtvolle* genannt? Wahrscheinlich, aber genau weiß man es nicht.

Nikolaus II. wurde 1765, mitten in der Regierungszeit des französischen Königs Louis XV geboren, also noch während der Blütezeit des Absolutismus. Louis XV war der Nachfolger des berühmten Sonnenkönigs auf dem französischen Thron. Kein Wunder, dass der kleine Nikolaus »im Bewusstsein, dass es nichts Besseres gäbe, als ein Fürst Esterházy zu sein« (Stefan Körner), aufwuchs. Schon sein Großvater, Nikolaus I., beeindruckte die damalige Welt durch seinen Reichtum und sein prunkvolles Auftreten. Vorbild war natürlich das in Europa tonangebende französische Königreich. Aufgrund seiner aufwendigen Hofhaltung wurde Nikolaus I. der »Prachtliebende« genannt. Sein Schloss Esterházy und die barocken Gartenanlagen erhielten den Beinamen »Versailles Ungarns«. Die beeindruckenden Illuminationen in Frankfurt am Main anlässlich der Wahl Josephs II. zum Kaiser des Heiligen Römischen Reiches Deutscher Nation verleiteten den jungen Johann Wolfgang von Goethe dazu, den noch heute sprichwörtlichen Begriff vom »Esterházy'schen Feenreich« zu prägen. Kein Geringerer als Joseph Haydn stand bis zu seinem Tod an der Spitze der Esterházy'schen Hofkapelle und trug zusätzlich dazu bei, den Ruhm des fürstlichen Hauses über den gesamten Kontinent zu verbreiten.

In diesem Umfeld wuchs Nikolaus II. also auf. Sein Vater Anton spielte dabei kaum eine Rolle, da er sich als Militär meist am Wiener Hof oder im Feld aufhielt. Auch die Mutter besaß keinen Einfluss. Nikolaus II. erhielt über seinen Großvater eine standesgemäße Erziehung und be-

Erbprinz Nikolaus Esterházy (Martin Knoller).

gann mit 14 Jahren ein Jurastudium, parallel dazu bildete er sich breit gefächert weiter. 1783 heiratete er die erst 15-jährige Prinzessin Maria Hermenegilde von und zu Liechtenstein. Der Großvater hatte die Ehe aus dynastischen Gründen eingefädelt; wie damals üblich, waren die Brautleute nicht gefragt worden und beugten sich mehr oder weniger freiwillig den Vorstellungen der Familien.

Bereits einen Tag nach seiner Hochzeit brach Nikolaus zu einer Bildungsreise (sog. *Grand Tour*) nach Italien auf. Erst ein Jahr später kehrte er nach Wien und zu seiner Ehefrau zurück. Anschließend diente er als Offizier im österreichischen Militär. An Kampfhandlungen nahm er nicht teil. 1786 kam der Stammhalter, Erbprinz Paul Anton (1786 bis 1866), zur Welt. Zwei Jahre später folgte Prinzessin Leopoldine (1788 bis 1819). Ein Nachzügler, Prinz Nikolaus (gen. *Nickerl*, 1799 bis 1833), erblickte mit einer genetisch bedingten geistigen Behinderung das Licht der Welt.

1790, knapp ein Jahr nach der Französischen Revolution, starb Fürst Nikolaus I. Sein Sohn, Fürst Anton, zeigte sich von den politischen Umbrüchen in Frankreich unbeeindruckt und zelebrierte sein Leben auch weiter »mit großer Pracht, in Überfluss und mit Geschmack«.

Ansicht von Neapel.

Spätestens beim Ball zur Kaiserkrönung Franz II. im Jahr 1792 knüpfte Nikolaus II. als Erbprinz umfangreiche Verbindungen zu den führenden Köpfen des europäischen Hochadels, darunter etwa das kommende preußische Königspaar, die Söhne des englischen Königs oder der zukünftige Staatskanzler Graf Clemens von Metternich. Obwohl Ausbruch und Verlauf des Ersten Koalitionskrieges gegen Frankreich eine Zeitenwende ankündigten, zelebrierte die Familie Esterházy weiter ihr gewohntes Leben voller Verschwendung. Bereits mit 21 Jahren hatte sich Nikolaus II. verpflichten müssen, keine weiteren Schulden zu machen. Obwohl sein Vater öffentlich davor warnte, dem Erbprinzen Darlehen zu gewähren, setzte dieser sein Leben in grenzenloser Prunksucht fort.

Dies galt auch für sein Liebesleben. Nikolaus II. soll neben seiner Ehefrau Prinzessin Maria Hermenegilde und seiner späteren Mätresse Marie-Louise Plaideux etwa 100 Geliebte unterhalten haben, die er alle mehr als großzügig alimentierte. Dies wäre in dieser Zeit per se nichts Ungewöhnliches gewesen, hätte Nikolaus II. sein Liebesleben nicht ungeniert öffentlich zur Schau gestellt.

Bei seiner maßlosen Verschwendungssucht folgte er dem Ideal der barocken Repräsentations- bzw. Festkultur und damit der eigenen Familientradition im besten Sinne. »Pomp und Zeremoniell [...] waren Bestandteil höfischer Tradition und hatten als Inszenierung eines Gesellschafts- und Staatstheaters tiefere Bedeutung. [...] Die Künste waren Teil der Hofhaltung, die Jagd Teil eines großen Festes, das kostbar gewandete Auftreten Teil des Zeremoniells.« (Stefan Körner)

Am 22. Januar 1794 verstarb völlig überraschend Fürst Anton Esterházy. Damit wurde Nikolaus II. zum Chef des Hauses und Eigentümer des unveräußerlichen Familienbesitzes, der aus über 29 Herrschaften bestand, die heute in Österreich, Ungarn, Slowenien, der Slowakei und Rumänien liegen. Dazu kamen Häuser in nahezu allen größeren Städten der Donaumonarchie sowie 21 Schlösser und Burgen. Somit war der Esterházy-Besitz größer als viele deutsche Fürstentümer.

Voller Elan ging der junge Fürst an die Reorganisation seines Besitzes und suchte neue Einnahmequellen zu erschließen. So gelang es ihm, teilweise das Postwesen Österreichs und Ungarns zu übernehmen. Besonders innovativ war er in Bezug auf die Schafzucht, was sich auch später auf der Mainau wiederholen sollte. Durch sein Engagement auf diesem Gebiet rückte das österreichische Kaiserreich an die erste Stelle der Schafwollproduzenten in Europa. Bienenzucht, Fischereiwirtschaft und Pferdezucht rundeten das Bild ab.

Schon damals zeichnete sich der Hof des Fürsten durch seine »Franzosenfreundlichkeit« aus. Gerne nahm er hochqualifizierte Flüchtlinge aus dem revolutionären Frankreich und den von Frankreich annektierten Landstrichen auf – sehr zum Missfallen der Wiener Polizeihofstelle, die eine Verbrüderung mit dem Feind argwöhnte.

Kaum hatte Nikolaus die Herrschaft über seine Ländereien angetreten, brach er zusammen mit seiner Frau Fürstin Maria Hermenegilde zu einer weiteren Bildungsreise nach Rom und Neapel auf. Im Zentrum stand dabei die Idee, umfangreiche Einkäufe für die eigenen Kunstsammlungen zu tätigen. Dabei machte der Fürst zahlreiche Bekanntschaften, darunter die mit dem englischen Botschafter Lord William Douglas Hamilton, für dessen Sohn der spätere französische Kaiser Napoleon III. einen Landschaftspark in Schottland anlegen sollte.

Der Fürst kaufte in Italien eine unübersehbare Zahl von Kunstgegenständen verschiedener Genres, darunter Gemälde und Grafiken, aber auch Bücher, Skulpturen und Antiken. Die Anzahl der Stücke war so groß, dass Nikolaus nicht mehr wusste, wo er sie unterbringen sollte. Schon bald begann die Wiener Gesellschaft sich über Nikolaus II. den Mund zu zerreißen.

Eine besondere Liebe galt der Kirchenmusik. Mit Joseph Haydn hatte Nikolaus II. den wahrscheinlich begehrtesten Komponisten seiner Zeit in Lohn und Brot. Auch während seines Aufenthaltes am Bodensee und auf der Insel Mainau sollte er diese Leidenschaft weiter pflegen.

Berühmt waren die im September jeden Jahres stattfindenden Feierlichkeiten anlässlich des Namenstages der Fürstin Maria Hermenegilde. Bis zu 1500 Gäste nahmen an prachtvollen Jagdveranstaltungen, Theater- und Oper- und Ballettaufführungen sowie Maskenbällen teil. Die Gebäude und Parkanlagen von Eisenstadt erstrahlten in den verschiedensten Farben und verwandelten sich in verwunschene »Zaubergärten«.

Das Geld zerrann dem Fürsten zwischen den Fingern; er stand kurz vor der Zahlungsunfähigkeit. Aber die Beruhigung der politischen und militärischen Situation durch den Frieden von Lunéville und eine familieninterne Umschuldung halfen, einen offiziellen Bankrott abzuwenden.

Sehnsuchtsort Paris

Kurz nach dem Jahrhundertwechsel, genauer gesagt zu Beginn des Jahres 1803, reiste der Fürst erstmals nach Paris. Wie nicht anders vorstellbar, besuchte er dabei die wichtigsten Veranstaltungen in der neuen »Hauptstadt Europas« und lernte währenddessen die führenden Persönlichkeiten kennen. Vom österreichischen Gesandten dazu eingeladen, nahm er in Generalsuniform an einer Audienz Napoleon Bonapartes, des damals auf Lebenszeit bestimmten ersten Konsuls, mit anschließendem Diner teil. Auch die tonangebenden Salons waren nicht »sicher« vor ihm. Zu nennen wäre dabei zum Beispiel das Haus der schönen Juliette Récamier, die später auch am Bodensee zu Gast sein würde. Er begeisterte sich am neuen Louvre, dem später sogenannten *Musée Napoléon*, und erwarb – wieder ganz der grenzenlose Sammler – unzählige Luxusgüter und Kunstgegenstände. Gleichzeitig knüpfte er weitere Kontakte zu Angehörigen der Familie Bonaparte und deren Umfeld.

Paris und dieser erste Aufenthalt prägten das weitere Leben des Fürsten Nikolaus nachhaltig. Besonders beeindruckte ihn sein Besuch von Schloss und Park Malmaison, des Landsitzes von Joséphine de Beauharnais und Napoleon. Er galt weltweit als Mekka für Luxus, Kunst, Architektur und Gartenbau. Besonders angetan hatte es ihm die dortige Orangerie. Sie war nach modernsten Gesichtspunkten und mit allen damals bekannten technischen Raffinessen erbaut worden. Heute dient sie als mondänes Privatpalais. Kein Wunder, dass der Fürst davon partizipieren wollte. Er warb Charles de Moreau (1758–1840), den aufgehenden Stern am Pariser Architektenhimmel, für seinen Hof in Eisenstadt ab. Moreau begleitete anschließend alle Visionen des Fürsten bis hin zur Umgestaltung der Insel Mainau, für die er Pläne entwickelte.

Bonaparte vor
Schloss Malmaison
(Jean-Baptiste
Isabey).

Blick über die Stadt Paris (Antoine Ignace Melling).

Nach seiner Abreise aus Paris besichtigte Nikolaus noch weitere Ortschaften in Frankreich und setzte anschließend nach London über. Dort traf er seinen Jugendfreund, den späteren englischen König George IV., wieder. Letzterer pflegte einen ähnlich ausschweifenden sowie extra-

vaganten Lebensstil wie Nikolaus selbst und teilte dessen Leidenschaft für alles Schöne. Der Ausbruch des Dritten Koalitionskrieges (1803–1806) unterbrach allerdings die Erkundungsreise jäh; der Fürst musste nach Österreich zurückkehren.

Napoleon I. im Louvre. Kaiserin Joséphine und Königin Hortense rechts in Weiß (Louis-Léopold Boilly).

Trotz der einsetzenden Kriegshandlungen setzte auf den Esterházy-Gütern ein Innovationsschub ein, den Nikolaus durch den Einsatz von massiven Finanzmitteln vorantrieb. Er setzte auf Braunkohlebergbau (auch Louis Napoléon sollte am Bodensee später Braunkohlevorkommen abbauen), Kultivierungsversuche von Nutzpflanzen (zum Beispiel Tabak) aus Amerika, Handelsverkehr mit Frachtschiffen und die Tuchindustrie. Die beiden letzteren Punkte spielen auch am Bodensee eine nicht unbedeutende Rolle.

Unter dem Motto »Der Natur und Kunst gewidmet« baute der Fürst um seine Residenz in Eisenstadt eine Kulturlandschaft erster Güte auf. Dabei konzentrierte er sich auf Gartenbau (Botanik), Technik und Landwirtschaft. Wie später auf der Insel Mainau zeichnete auch hier Charles de Moreau verantwortlich. Nur die besten Materialien fanden dabei Verwendung, die höchsten Ansprüche galten gerade als gut genug. Seine Planungen waren in dieser Zeit für den deutschsprachigen Raum einzigartig.

Die um Eisenstadt angelegten Jagdgebiete und Tiergärten waren wichtige gestalterische und funktionale Elemente der landschaftlichen Gesamtidee für die Region und dienten ebenfalls für die Kulturlandschaft am Bodensee als Vorbild: Alleen sollten die unterschiedlichen teils vorhandenen, teils neu angelegten Zier- und Nutzgärten verbinden, Weiden trugen zur Komposition der Anlage bei, und eigens importierte Schafe, Kühe und andere Nutztiere dienten dazu, die Landschaft wie ein Bild erscheinen zu lassen.

Ihren prachtvollen Abschluss fand diese Entwicklung in der Gründung und Pflege eines Musenhofes innerhalb der Kulturlandschaft: Theater-, Opern-, Ballett-, Kirchen- und Kammermusikaufführungen waren an der Tagesordnung. Musikgeschichte schrieb er durch die Bühneninszenierung von Mozarts *Zauberflöte* und die von Ludwig van Beethoven persönlich dirigierte Uraufführung seiner *C-Dur-Messe*. Fürst Nikolaus scheute keine Kosten und Mühen.

Auf den Dritten folgte der Vierte und auf diesen der Fünfte Koalitionskrieg (1809), den Österreich mit seinen Verbündeten ebenfalls verlor. Eugène de Beauharnais (1781–1824), in dieser Zeit Vizekönig von Italien und Oberbefehlshaber der französischen Italien-Armee, Sohn der Kaiserin Joséphine, Bruder von Hortense de Beauharnais und Onkel des späteren Kaisers Napoleon III., residierte für mehrere Monate im Schloss Eisenstadt. Ein Treffen zwischen Nikolaus und Eugène dürfte dabei aber nicht stattgefunden haben.

Trotz der blutigen Koalitionskriege handelte es sich bei den Jahren zwischen 1803 und 1810 um die Zeit, die den Ruhm des Fürsten in Europa begründete. Seine Ausgaben zum Aufbau der Kulturlandschaft und des Musenhofes wuchsen ins Unermessliche. Ohne Rücksicht auf die Kosten stellte er hochqualifiziertes Personal für seine verschiedenen Leidenschaften ein, tätigte unvergleichliche Ankäufe für seine Sammlungen und veranstaltete prunkvolle Feste sowie spektakuläre Kulturveranstaltungen. »Nikolaus war auf dem Höhepunkt seines Ruhmes und Schaffens angelangt«, schreibt sein Biograf Stefan Körner. Mit dem Erwerb der Herrschaft Edelstetten, in der österreichischen Markgrafschaft Burgau in Schwaben, stieg er sogar in den Rang eines deutschen Fürsten auf und besaß eine Stimme auf dem immerwährenden Reichstag von Regensburg. Das vermeintliche Glück

Kaiserin Joséphine empfängt Besuch im Schloss Malmaison (Auguste Garneray).

Wasserfall im Eisenstädter Garten (Albert Christoph Dies).

währte allerdings nur kurze Zeit, denn Kaiser Franz II. (1768–1835) löste das Heilige Römische Reich Deutscher Nation unter Bruch der Reichsverfassung 1806 auf.

Die immer wieder zu lesende Behauptung, Napoleon I. habe Fürst Nikolaus die ungarische Königskrone angeboten, entbehrt aus heutiger Sicht jeder Grundlage.

Marie (-) Louise im Quadrat

Um das österreichische Kaiserreich und die habsburgische Dynastie zu retten (der Staatsbankrott und die politische Bedeutungslosigkeit drohten), verheiratete Kaiser Franz II. seine Tochter Erzherzogin Marie Louise (1791–1847) mit dem französischen Kaiser Napoleon I.

Hochzeitsportrait Marie Louise von Österreich und Napoleon Bonaparte.

Fürst Nikolaus gehörte nicht zur direkten Brautgesellschaft, reiste aber dennoch zu den Feierlichkeiten nach Paris und nahm dort an allen teil. Spätestens bei einer dieser Festivitäten lernte Nikolaus die holländische Königin Hortense de Beauharnais, ihren Mann Louis Bonaparte (1778 bis 1846), ihren Bruder Eugène de Beau-harnais und weitere Angehörige des europäischen Hochadels kennen, soweit sie ihm nicht schon auf seinen ausgedehnten Reisen durch Europa begegnet waren.

Darüber hinaus begab er sich erneut auf »Einkaufstour« für Kunstwerke, Porzellan, Musikalien und Pflanzen. Nikolaus traf die führenden Künstler, so zum Beispiel Jean Baptiste Isabey (1767–1855), der ein Portrait von ihm anfertigte.

Auch Musik interessierte den Fürsten. So traf er zum Beispiel den Komponisten Luigi Cherubini (1760–1842) und bot ihm die – nach dem Tod Haydns verwaiste – Stelle des Hofkapellmeisters in Eisenstadt an. Zu einer Anstellung kam es allerdings nie; die Finanzen des Fürsten ließen dies nicht mehr zu.

Fürst Nikolaus II. (nach Jean Baptiste Isabey).

Die »holde Weiblichkeit« bzw., wie es Zeitgenossen nannten, die »Reize des Eros« schienen es dem Fürsten auch in Paris besonders angetan zu haben. Die Einwohner der Stadt lästerten schon über seine andauernde »Damenschau«. In einem Etablissement, wie man damals sagte, lernte Nikolaus eine junge Französin kennen, Marie-Louise Plaideux. Laut Geheimdienstberichten handelte es sich dabei um eine Prostituierte, die sich in Begleitung eines Italieners befand, Letzterer angeblich ein Spitzel des französischen Außenministers Charles-Maurice de Talleyrand (1754–1838) und seiner Geheimpolizei. Ob diese Behauptungen tatsächlich zutreffen? Aus heutiger Sicht muss zumindest die Einschätzung, Marie-Louise Plaideux sei eine Prostituierte gewesen, mit Vorsicht betrachtet werden. Die österreichische Geheimpolizei verfolgte mit solchen

Einzige bekannte Darstellung von Marie-Louise Plaideux (Berthel Thorvaldsen).

In der Bibliothek von Schloss Malmaison.

Behauptungen das Ziel, die Person des Fürsten Nikolaus Esterházy in einem schlechten Licht erscheinen zu lassen. Wie dem auch sei, der Fürst verliebte sich unsterblich in die junge Französin, sie blieb bis zu seinem Tod seine große Liebe. Ab dem Zeitpunkt ihres Kennenlernens spielten andere Mätressen oder gar seine Ehefrau kaum noch eine Rolle.

Um in der Hauptstadt auch zukünftig präsent sein zu können, erwarb Fürst Nikolaus in Paris eine repräsentative Niederlassung und ließ sie später umbauen. Das Haus schenkte er in den folgenden Jahren seiner geliebten Marie-Louise, die es zusammen mit den gemeinsamen Kindern immer wieder nutzte.

Bassin im Park von Schloss Malmaison.

Während seines Aufenthaltes in Paris besuchte Fürst Nikolaus erneut Schloss Malmaison und seine Parkanlagen. Dort traf er unter anderem mit Aimé Bonpland (1773–1858; Hofgärtner der Kaiserin Joséphine) zusammen und trat über ihn mit Alexander von Humboldt (1769 bis 1859) in Kontakt. Beziehungen, die bis zum Tod des Fürsten bestehen bleiben sollten. Wahrscheinlich kam es bei seinem Aufenthalt auch zu persönlichen Treffen mit Kaiserin Joséphine und Königin Hortense, »auf Anweisung der Ex-Kaiserin wurden Pflanzen aus Malmaison nach Eisenstadt gesandt«. (Stefan Körner)

Gärtner der Kaiser, Könige und Fürsten

Pflanzen wurden nicht nur getauscht, sondern vor allem natürlich in der führenden Gärtnerei und Baumschule Europas, bei Louis-Claude Noisette (1772–1849), gekauft (u. a. Rosen und Gehölze). Louis-Claude Noisette hatte um 1806 seine Baumschule [Gärtnerei] in den *Faubourg Saint-Jacques* von Paris verlegt. Bis heute mehr als berühmt sind seine Rosenzüchtungen bzw. -sammlungen (Gewächshaus- und Freilandrosen). Daraus ging z.B. der Stamm der Noisettes hervor, die in einer seiner nordamerikanischen Niederlassungen entstand. Über die engen Beziehungen zwischen dem Fürsten Esterházy und Louis-Claude Noisette steht in seinem Nachruf zu lesen:

»Von dort [Paris] holte Fürst von Esterházy alle Bäume, die er für die Gärten und Parks auf seinen riesigen Ländereien benötigte. Beeindruckt von dem enormen Wissen, das er bei Noisette fand, erstaunt über die seltenen, bemerkenswerten und schönen Pflanzen, die auf den noisette'schen Plantagen wuchsen, bot Fürst Esterházy ihm an, die [in Eisenstadt etc.] geplanten Verschönerungen zu leiten. Gleichzeitig machte er den Vorschlag, ihn auf seine Besitztümer mitzunehmen, damit er notwendigen Arbeiten besser beurteilen könnte. Noisette ergriff freudig diese Reise-Gelegenheit und erhielt so die Möglichkeit, mit dem Prinzen oder mit seiner Empfehlung bzw. unter seinem Protektorat durch Deutschland, Österreich, Ungarn, Böhmen und Polen zu reisen und die königlichen Gärten und andere berühmte Anlagen der nordeuropäischen Länder zu besichtigen. Er ließ alle Pflanzen, die er kennengelernt hatte, auf den Gütern des Prinzen Esterházy anpflanzen. Um die Verschönerung der Anlagen zu vervollständigen, wählte er eigens weitere besondere Pflanzen aus. Seine Arbeit und seine Ideen besaßen [in Eisenstadt etc.] höchste Priorität; er stoppte die bereits laufenden Pläne und ließ zur Vollendung seiner eigenen Vorstellungen an

Louis Noisette.

Ort und Stelle seine beiden Brüder Etienne und Marie [Etienne machte sich später als Rosenzüchter einen Namen] zurück. Begeistert über die neuen Erkenntnisse, die er auf dieser Reise erworben hatte, kehrte Louis-Claude nach Paris zurück und vergrößerte sein Unternehmen konsequent. Er baute es zur ersten Baumschule [Gärtnerei] Frankreichs aus. Das ihm von seinem edlen Kunden entgegengebrachte Vertrauen spielte dabei eine nicht unerhebliche Rolle.«

Wie sehr Fürst Nikolaus Louis-Claude Noisette schätzte, zeigt auch folgende Anekdote: »Eines Tages fragte der Fürst, als er ihn in sei-

Die geplante Gartenfassade von Schloss Eisenstadt (Albert Christoph Dies).

Zeitgenössische Darstellung einer Noisette-Rose.

ner Kutsche mitnahm, um die Gärten von Malmaison zu besichtigen, nach der Uhrzeit, und Noisette zeigte eine bescheidene silberne Uhr. Als der Prinz, der auch seine eigene Uhr gezogen hatte, Noisettes Uhr sah, schenkte er ihm gnädig bzw. großzügig [seine eigene Uhr] und bat [Noisette], diese als Andenken an ihn zu behalten. Diese goldene Uhr mit einem Rufschlagwerk und einer reichen Kette trug Noisette regelmäßig, und er bewahrte sie sorgsam auf.« Gartenbau allein genügte aber nicht für Louis Noisettes lebhafte Fantasie. Von Anfang an widmete er sich mit gleichem Eifer der Landwirtschaft, er legte ein Mustergut an und betrieb die Gründung einer landwirtschaftlichen Schule.

»Wir wollen hier [keine Details] über die Arbeiten sagen, die er dort ausführen ließ, und über die große Anzahl von Tieren (Rinder und Schafe), die er hielt; wir wollen aber auf die bedeutenden Anpflanzungen hinweisen, die er dort vorgenommen hat, insbesondere Pappeln, die mehr als 200 000 Bäume umfassen. [...] Er beschäftigte sich auch mit Versuchen zu verschiedenen Getreidearten oder -sorten, von denen er eine Sammlung von mehr als 150 besaß.

In der Tat reicht diese Notiz nicht aus, um an alle Pflanzen zu erinnern, die er durch seine Importe und Sämlinge in den Gartenbau eingebracht hat. Unermüdlich in seinen Forschungen und in seinen Operationen, ohne Kosten zu berechnen, inspiriert von seinem dominanten und leidenschaftlichen Geschmack, tief versiert in der Kenntnis der interessanten Pflanzen und daher sehr fähig, deren Verdienste zu schätzen, hatte er alle Eigenschaften, die einen angesehenen Gärtner ausmachen. Die Liebe zu Pflanzen war für ihn nie eine vorübergehende Schwärmerei; er liebte sie um ihrer selbst willen und sozusagen ohne Vorliebe. Eine Neuheit, egal, welcher Art, war immer willkommen, aber sie ließ ihn ihre Vorgänger nicht vergessen, für die er die gleiche Zuneigung hegte. Er begeisterte sich für die Werke der Natur und war bei aller Vernunft davon überzeugt, dass keines davon umsonst geschaffen worden war. Er war sich sicher, dass er die Harmonien, die die am wenigsten begünstigten Blumen entschädigen sollten, ausfindig machen konnte. Nie formte er Pflanzen um, nur weil sie aus der Mode gekommen waren; ihr Alter enthüllte in seinen Augen neue Reize, und deshalb hätte er gerne Konservatorien besessen, die groß genug waren, um die schönen exotischen Pflanzen in ihrer normalen und vollständigen Entwicklung zu sehen; daher fand man bei ihm auch noch Pflanzen, die aus dem Handel verschwunden waren.«

Natürlich war Noisette nicht der alleinige Lieferant von Pflanzen. Kaiserin Joséphine und ihr Kreis nahmen gerne auch die Angebote der noch heute bestehenden Firma Vilmorin in Anspruch, wie u. a. aus den Rechnungsbüchern der Fürstin Amalie Zephyrine von Hohenzollern-Sigmaringen hervorgeht.

Zurück in Wien

Ende Juli 1810 kehrte Nikolaus II. in Begleitung von Marie-Louise Plaideux nach Wien zurück. Die sogenannte »bessere Gesellschaft« zeigte sich entsetzt, zumal der Fürst aus seiner Liebe keinen Hehl machte. Er lebte mit ihr ganz offiziell in seinem Pottendorfer Palais, Marie-Louise empfing als *Dame des Hauses* ohne Scheu vor Standesgrenzen alle Gäste, darunter auch hochrangige Adli-

Blick auf den Petersdom in Rom (Hortense de Beauharnais).

Konstanz und seine Bucht von Osten.

ge, Künstler, Politiker und Offiziere. Laut Polizeiberichten stand ihr ein Hofstaat von nicht weniger als zwölf Angestellten zur Verfügung. Sie habe Schmuck und Kleider besessen, die selbst Fürstin Hermenegilde hätten träumen lassen.

Allerdings muss mit diesen Berichten höchst vorsichtig umgegangen werden, da sie Teil einer gezielten Kampagne des österreichischen Außenministers und Staatskanzlers Fürst Clemenz Menzel von Metternich (1773–1859) gegen den selbstbewussten Fürsten Esterházy waren. Als früherer österreichischer Botschafter in Paris kannte Metternich die Verhältnisse dort bestens und besaß umfangreiche Kontakte unter anderem zur Familie Bonaparte und in die französische Gesellschaft. Metternich sah im Auftreten des Fürsten Nikolaus eine Bedrohung der von ihm neu konzipierten Werte des österreichischen Kaiserreiches: Bescheidenheit, Moral, Demut, Verzicht.

Fürst Esterházy ließ sich von diesen Leitlinien und vom Geschwätz seiner Standesgenossen nicht beeindrucken. In bewährter Manier gab er sein Vermögen mit beiden Händen aus und bemühte sich – ganz der Alte –, die ihm zugefallenen Repräsentationspflichten nach bestem Wissen und Gewissen zu erfüllen. Nikolaus scheute keine Kosten und erfüllte jeden an ihn herangetragenen Wunsch. An erster Stelle stand das Familienleben mit Marie-Louise Plaideux (später Baronin von Mainau), gefolgt vom Eisenstädter Musenhof und der Kulturlandschaft. Sie bedeuteten ihm alles. 1811 kam die erste gemeinsame Tochter, Natalia Leopoldine Ignatia Plaideux (ab 1828 Baroness von Mainau, heiratete Franz Unger von Löwenberg), zur Welt. Ende 1812 folgte Virginia Maria Ignatia Plaideux (ab 1828 Baroness von Mainau, heiratete 1830 in Wien Marquis Cesare Boccella, gestorben 1893). 1814 wurde der gemeinsame Sohn Nikolaus Paulus Plaideux (ab 1828 Freiherr von Mainau) geboren. Der politische und gesellschaftliche Druck wuchs immer stärker. Fürstin Hermenegilde bewegte das österreichische Kaiserpaar, die Ausweisung der Marie-Louise Plaideux zu betreiben.

Gleichzeitig drohte dem Fürsten auch noch die Zwangsverwaltung seiner Güter von staatlicher Seite. Nikolaus II. suchte sein Heil in der Flucht und reiste nach Italien. Nizza (damals zu Savoyen gehörend), Genua, Florenz, Rom und Neapel waren die Stationen seiner Reise.

Als 1813 ein neuer Krieg gegen Frankreich ausbrach, musste der Fürst auf Geheiß des Kaisers wieder nach Wien zurückkehren. Trotz aller finanzieller Schwierigkeiten beteiligte sich Nikolaus an der Aufstellung neuer Truppen, die erfolgreich in der Völkerschlacht von Leipzig kämpften. Er selbst zog allerdings nicht ins Feld. Auch der erste Zusammenbruch des französischen Kaiserreiches brachte keine Entspannung in den wirtschaftlichen und persönlichen Verhältnissen Nikolaus' II. Die Einwohner von Wien zerrissen sich den Mund über seine Familie mit Marie-Louise Plaideux, Kaiser Franz, Fürst Metternich und der gesamte Hof misstrauten ihm.

Trotzdem versuchte Fürst Nikolaus noch einmal, seine Sammlungen wiederzubeleben, und tätigte trotz der drückenden Schuldenlast neue Ankäufe. Dazu hielt er sich wieder häufig in Italien auf; den Wiener Kongress und seine gesellschaftlichen Verpflichtungen vermied er.

Soweit wir es nachvollziehen können, besuchte er im April 1815 erstmals Konstanz beziehungsweise das Bodenseegebiet. Er traf dort den Maler Johann Jakob Biedermann und kaufte bei ihm heute verschollene Gemälde ein. Ob er dabei auch schon die Insel Mainau besuchte, lässt sich momentan nicht nachweisen.

Fürst Nikolaus II. mit Caro (Giuseppe Lacedelli).

Mit seiner Rückkehr nach Wien begann der Fürst ein für seine Verhältnisse stilles, zurückgezogenes Familienleben mit Marie-Louise Plaideux und den drei Kindern. Es bestand kein Zweifel mehr, dass Marie-Louise auch nach außen die »wahre Frau« des Fürsten war. Alle Kontakte – auch zu höchsten Personen – liefen über sie und ihr Haus an der Seilerstraße. Gleichzeitig öffnete Nikolaus II. seine umfangreichen Sammlungen der Öffentlichkeit. Ziel dieser Maßnahme war, dass die Bürger anhand seiner Kunst ihren Geschmack und ihr Wissen verbessern können sollten. Gleichzeitig beabsichtigte er, sich als liberaler Fürst zu präsentieren, dessen nicht zu leugnende Verschwendungssucht der Allgemeinheit zugutekam. Ein Vorsatz, der in der Öffentlichkeit kaum in Erscheinung trat.

Die ihm vom Kaiser übertragenen Ehrenämter nahm er nicht mehr oder nur noch widerwillig wahr. Trotz seiner weiter angespannten finanziellen Situation stattete er seine geliebte Marie-Louise und die gemeinsamen Kinder mit großzügigen Schenkungen aus, kaufte neue Liegenschaften und vergrößerte weiter seine Sammlungen. Das alles brachte das Fass zum Überlaufen. Um der gesellschaftlichen Kritik, dem Misstrauen des Hofes und der engmaschigen Polizeiüberwachung zu entgehen, blieb nur noch das mehr oder minder selbst gewählte Exil am Bodensee.

Insel Mainau – der Zufluchtsort

So hatte der Fürst mehr oder minder freiwillig sein Herz an den Bodensee verloren. Ob er wohl wusste, worauf er sich einließ? Wahrscheinlich schon! Bis 1805 im Besitz des Deutschen Ordens, gehörte die Insel seit dem Frieden von Pressburg dem Großherzog von Baden. Eine prachtvolle Schlossanlage zeichnete sie aus, mit Landwirtschaft, Weinbergen, einer barocken Gartenanlage, Hafen und zahlreichen Ökonomiegebäuden, dazu umfangreiche Ländereien und Wald auf dem Festland. Die Mainau muss in der Zeit des Deutschen Ordens beeindruckend gewesen sein. Zahlreiche Reise-

Insel Mainau von Südwesten.

Blick auf die Insel Mainau von der Egger-Straße aus.

berichte schwärmen in den höchsten Tönen von ihr. Kein Wunder, dass Ex-Kaiserin Marie Louise von Frankreich, die zweite Frau Napoleons I. und Tochter des österreichischen Kaisers Franz, bei ihrer Rückkehr nach Österreich auf der Insel Station machte.

Davon war aber schon 1808 kaum mehr etwas zu spüren. Der ebenfalls als Grüner Fürst bekannte Hermann von Pückler-Muskau schreibt in seinen Jugendwanderungen wenig enthusiastisch: »Wir wählten [von Konstanz aus] einen Weg, der größtenteils durch dichtes Buchengebüsch führte, und kamen nach einer starken Stunde an den langen Steg, der die Insel mit dem festen Lande verbindet; eine hohe Allee von Obstbäumen führte bis zum Schloss, das groß und regelmäßig, aber durch viele Nebengebäude versteckt ist. [...] Sie ist reich mit Wein, Getreide und Fruchtbäumen bepflanzt, und könnte zu einem äußerst reizenden Aufenthalt umgestaltet werden, wenn sie in den Händen eines reichen Privatmanns wäre, [...] der einige Jahre auf ihre Verschönerung verwenden wollte. Jetzt sieht man keine Anstalt, die einen solchen Endzweck verriete, das Schloss ist öde und verlassen, und die Terrasse, von der man den See mit seinen beiden Ufern übersieht, trägt starke Spuren der Vernachlässigung [...].«

Die Großherzöge von Baden interessierten sich nicht weiter für die Mainau und boten sie seit ihrer Inbesitznahme ständig zum Kauf an. Bereits Königin Hortense hatte sich, als sie 1815 nach Konstanz gekommen war und sich dort niederzulassen beabsichtigte, interessiert gezeigt. Nicht nur deshalb findet sich das Eiland in ihrem ersten Bodensee-Skizzenbuch. Zum Kauf kam es allerdings nicht, da ihr die Niederlassung im Großherzogtum Baden untersagt wurde. Aus diesem Grund erwarb sie Schloss Arenenberg im Kanton Thurgau und baute es zu einem mustergültigen Schlossgut um.

Warum Fürst Nikolaus sich rund zehn Jahre später um die Insel bemühte, lässt sich heute nicht mit Sicherheit sagen. Vermutlich sprachen mehrere Gründe dafür. Konstanz und damit die Mainau lagen und liegen mitten in Europa. Paris und Wien sind ungefähr gleich weit entfernt, Italien befindet sich sozusagen vor der Haustür. Mit Konstanz besaß und besitzt die Mainau darüber hinaus eine respektable »Residenzstadt«, die als damaliger Sitz des größten Bistums nördlich der Alpen jederzeit mit Eisenstadt konkurrieren konnte. Das gesellschaftliche Leben des Umlandes war hauptsächlich geprägt durch traditionelle Adelsfamilien, die wie zum Beispiel die Grafen von Bodman oder Fürsten von Fürstenberg zum ältesten und höchsten Reichsadel zählten. Seit dem Reichsdeputationshauptschluss (1803)

Hortense de Beauharnais (Selbstportrait).

Hortense 1818.

Die Mainau, aus dem Skizzenbuch von Königin Hortense (Hortense de Beauharnais).

waren darüber hinaus die regierenden Häuser des Königreiches Württemberg in Friedrichshafen und des Großherzogtums Baden in Salem bzw. Petershausen (Stadtteil von Konstanz) direkt am See vertreten. Sicher spielte auch die Anwesenheit der kaiserlich französischen Familie und ihrer Anhänger auf dem Arenenberg, im Thurgau bzw. in Konstanz eine nicht zu unterschätzende Rolle.

Arenenberg und Konstanz, Residenz der Familie de Beauharnais-Bonaparte

Wie schon beschrieben, kannten sich die Familien de Beauharnais-Bonaparte bzw. Esterházy-Plaideux und ihr Umfeld spätestens seit 1810 (Hochzeit Napoleons I. mit Marie Louise von Österreich) gut. Eine zentrale Rolle spielte dabei vermutlich auch die Verbindung zur allerdings bereits 1814 verstorbenen Ex-Kaiserin Joséphine. Die Pflanzen aus ihrem Schlosspark von Malmaison stellten einen weiteren Verknüpfungspunkt dar. Sie verschönerten einerseits die Gartenanlagen des Fürsten Esterházy in Österreich bzw. Ungarn, andererseits den Schlosspark von Arenenberg. Zusätzlich trafen sich die genannten Familien auch während ihrer regelmäßigen Reisen nach Italien. Ein Hinweis darauf ist die Porträtzeichnung der beiden Töchter des Fürsten mit Marie-Louise Plaideux. Sie stammt von der Hand Hortenses de Beauharnais und dürfte während eines Zusammentreffens in Italien um 1820 entstanden sein.

Hortense war nach ihrer Vertreibung aus Frankreich im Dezember 1815 nach Konstanz gekommen. Als leibliche Tochter von Kaiserin Joséphine und Stieftochter Napoleons I. hatte sie während der berühmten 100 Tage (zwischen der Rückkehr Napoleons aus seinem Exil in Elba und der Schlacht von Waterloo) an der Seite des Kaisers die repräsentative Funktion der *Première dame de France,* der First Lady Frankreichs eingenommen. Dies hatte zur Folge, dass sie durch die anschließend wieder an die Macht gekommenen Bourbonen und die Siegermächte aus Frankreich vertrieben wurde. Sie wählte Konstanz als Exilsitz. Da sie in der Folge aber im Großherzogtum Baden keine Niederlassungsgenehmigung erhielt, kaufte sie das Schloss Arenenberg im Kanton Thurgau, keine halbe Stunde westlich von Konstanz. Die Königin baute dort einen künstlerisch-politischen Sa-

Nathalie und Virginie Plaideux, uneheliche Töchter des Fürsten Esterházy (Hortense de Beauharnais).

Panorama vom Konstanzer Münsterturm (Nikolaus Hug).

lon erster Güte auf, der problemlos mit den großen Salons in Paris, Rom, Wien oder Berlin verglichen werden kann. Alles, was Rang und Namen hatte, verkehrte auf Arenenberg. Literaten, Musiker, Politiker und Militärs aus aller Herren Länder, dazu gehörten natürlich auch die Angehörigen des süddeutschen Adels. Auf den benachbarten Landsitzen wohnten Freunde und Parteigänger der Bonapartes. Ein eigenes Gästeschloss, der Wolfsberg, bot den zahlreichen Besucherinnen und Besuchern neben den Hotels von Konstanz eine standesgemäße Unterbringung. Ihr Sohn, Prinz Louis Napoléon, der spätere Kaiser Napoleon III., wuchs hier auf und wurde von seiner Mutter gezielt dazu erzogen, die Nachfolge Napoleons I. auf dem französischen Thron anzutreten.

Dies alles wurde nicht nur von der Geheimpolizei des Fürsten Metternich argwöhnisch beobachtet. Nicht ganz zu Unrecht fürchtete man, dass sich hier Verschwörer gegen die bestehende Ordnung versammelten. Um diesem Eindruck entgegenzuwirken, spielte Prinz Louis Napoléon den leichtlebigen Dandy. Dank seines charmanten Auftretens, seines berühmten Namens und seiner Großzügigkeit flogen ihm die Herzen zu. Bis heute werden ihm am See zahlreiche Affären und illegitime Kinder nachgesagt. So verwundert es auch nicht, dass es zu einer Liaison zwischen Betty von Mainau, der Schwiegertochter des Fürsten Esterházy, und dem Prinzen kam.

Königin Hortense starb im Oktober 1837 auf Arenenberg und nicht – wie sie es sich wohl erhofft hatte – in dem von ihr geliebten Paris. Markgraf Wilhelm von Baden schrieb voller Hochachtung über ihren Tod: »Vom Arenberg [sic] bei Konstanz traf die Nachricht ein, die Königin Hortense, Herzogin von Saint Leu, sei daselbst am 8. Ok-

Schloss Arenenberg von Süden. Dahinter die Reichenau und der Bodanrück.

tober gestorben, nachdem ihr Sohn, der Prinz Louis, kurz vorher aus seinem Exil in Nordamerika zurückgekehrt war. Die Leiche wurde zu Ermatingen am 11. Oktober beigesetzt, bis die Erlaubnis aus Frankreich eintraf, die Hülle der Sterblichen nach Rueille bei Malmaison zu führen, wo sie neben der Kaiserin Joséphine beigesetzt wurde. Die Verstorbene war eine ebenso geistreiche wie äußerst liebenswürdige Frau,

Königin Hortense
kurz vor ihrem Tod
(Felix Cottreau).

ohne gerade schön zu sein, hatte sie eine sehr einnehmende Gestalt und viel Grazie in ihrem ganzen Wesen. Niemand verstand es besser wie sie, in einem Salon die Honneurs zu machen, ich sah sie einige Male in Baden und Italien.«

Die Landstraße zwischen der Insel Mainau, Sankt Katharinen und Konstanz. Im Hintergrund der Thurgau mit dem Säntis.

Zeitenwende – die Welt um 1830

Wie sah die Welt am Bodensee in dieser Zeit aus? Alles schien aus den Fugen geraten zu sein: Die napoleonischen Kriege hatten auch rings um den See starke Zerstörungen hinterlassen. Zunächst herrschte große Armut, die durch die Auflösung der Klöster noch vergrößert wurde. Gleichzeitig waren neue Nationalstaaten entstanden, deren willkürliche Grenzen die gewachsenen Strukturen durchschnitten. Mehrfach zogen Flüchtlingsströme und Soldaten über das Land – Franzosen, Russen, Österreicher, Polen. Häufig wusste man nicht mehr, wer Freund oder Feind war. Erst mit dem Wiener Kongress der Jahre 1814/15 entspannte sich die Lage etwas.

Schloss Arenenberg als landwirtschaftliches Mustergut.

Die Insel Mainau von Litzelstetten aus.

Auf der heutigen deutschen Seite dehnte sich das Großherzogtum Baden im Westen an den See aus, im Norden schob sich das Königreich Württemberg an seine Ufer, und im Osten bekam das Königreich Bayern einen kleinen Anteil. Das über Jahrhunderte dominierende Habsburgerreich behielt lediglich einen kleinen Zugang im Südosten. Der ganze Südteil gehörte nun zu den neu entstandenen selbstständigen Kantonen St. Gallen, Thurgau und Schaffhausen. Lediglich das linksrheinisch gelegene Konstanz bildete weiter einen Brückenkopf am südlichen Seeufer. Seit 1806 zählte es zum Großherzogtum Baden. Alle Versuche, die Bodenseemetropole mit seinem natürlichen Vorland, dem Thurgau, zu vereinigen, waren gescheitert. Apropos Konstanz: 1821 löste die *Sancta Ecclesia* das gleichnamige, einst größte Bistum nördlich der Alpen auf; genauer gesagt wurde es »zertreten, verbrannt und ausgelöscht auf ewig«, eine bis heute einzigartige Formulierung in der Kirchengeschichte. Eigentlich

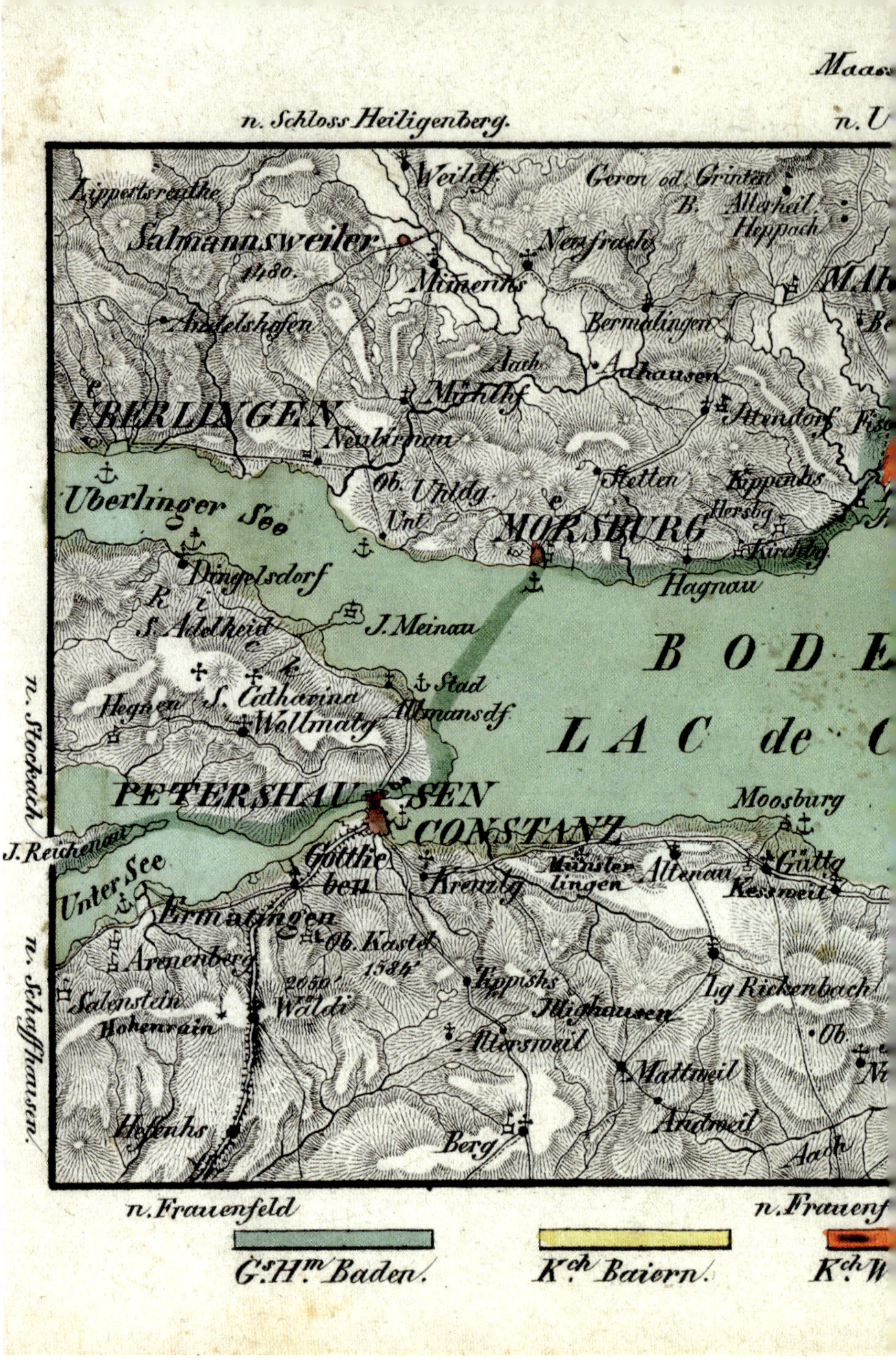

Das Bodenseegebiet, durch neue Nationalstaaten aufgeteilt.

bedeutete der Vorgang einen Bruch gültigen Kirchenrechts. Ein Bistum darf nicht einfach aufgelöst werden; es existiert als »Titularbistum« weiter. Im Fall von Konstanz kümmerte diese Regel in Rom aber niemanden. Mit wenigen Federstrichen zerriss man ein weit über 1000 Jahre zusammengehörendes Gebiet. Zugegebenermaßen waren dabei aber die neuen Landesherren auch nicht ganz unschuldig; sie verfolgten das Ziel, die

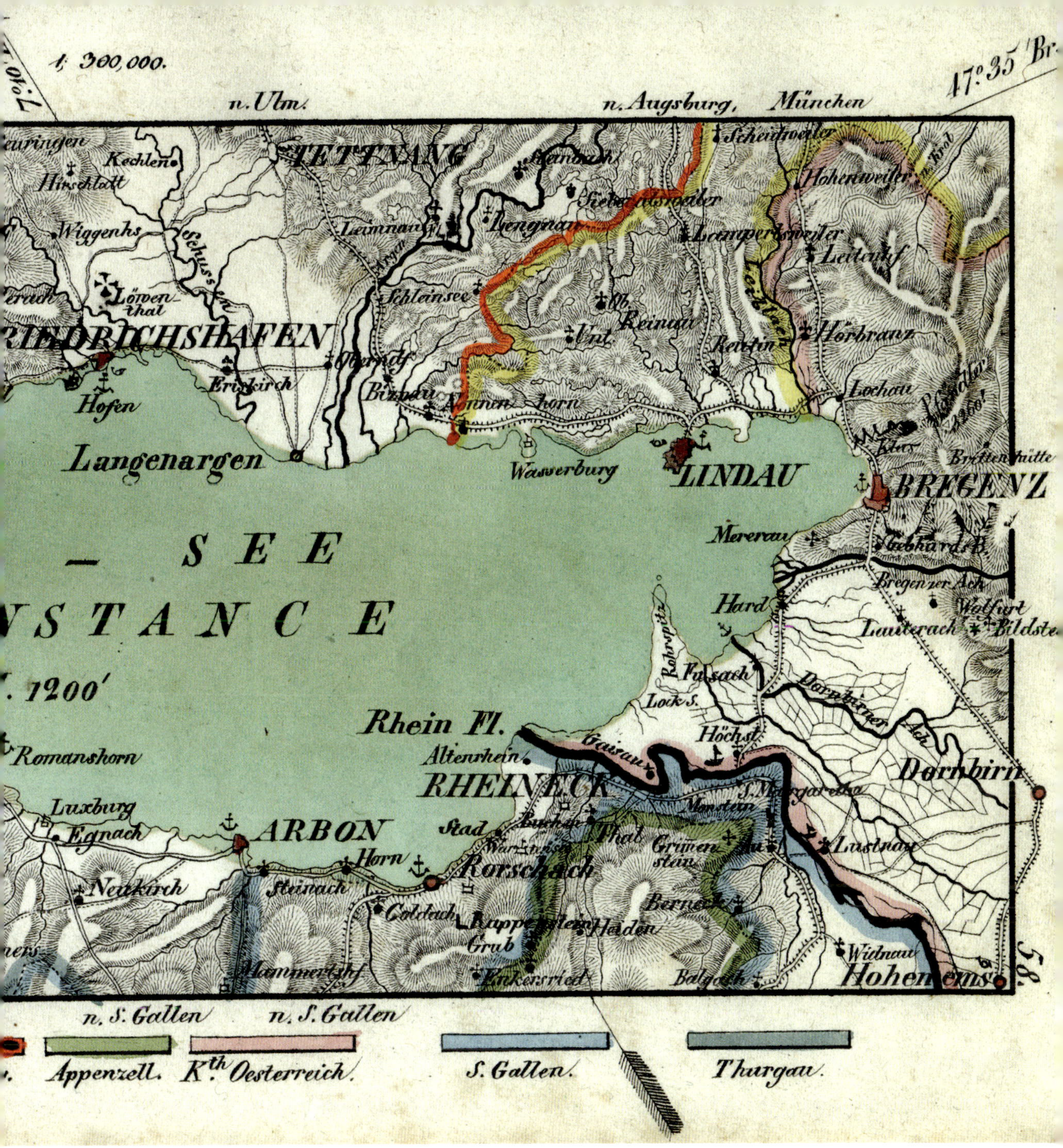

kirchlichen Belange ihrer Nationalstaaten zu kontrollieren. Sie wollten keine grenzüberschreitende Organisation berücksichtigen müssen. Entsprechend verunsichert waren die Menschen.

Mit Blick auf den westlichen Teil des Sees beschreibt man die Stimmung am besten so: Die ältere Bevölkerung wollte österreichisch blei-

Konstanz und seine Bucht von Osten.

ben, die jüngere tendierte in Richtung Thurgau. Einig war man sich lediglich darin, dass niemand Sympathien für Baden hegte. Das galt im übertragenen Sinne auch für Württemberg und Bayern. Man empfand die Zentralverwaltung in Karlsruhe bzw. Stuttgart und München

als Fremdkörper und Zumutung. Dieses Gefühl wurde auch dadurch unterstützt, dass einmal festgelegte Grenzen gerne wieder verschoben wurden. So wechselten Dörfer und Städte oder sogar ganze Landstriche öfter von einem Landesherrn zum anderen.

Schloss Gottlieben nach dem Umbau durch Louis Napoléon (Nikolaus Hug).

Extreme Klimaschwankungen führten zu Missernten, in deren Folge eine breite Auswanderungswelle, vor allem nach Nordamerika, einsetzte. Umgekehrt erschwerten von dort nach Europa importierte Schädlinge und Krankheiten das Leben der Menschen. Die Landwirtschaft stand vor der Herausforderung, sich den neuen Gegebenheiten anzupassen. Widerstandsfähigere und ertragreichere Pflanzensorten sowie Tierrassen ersetzten immer stärker einheimische Produkte. Gleichzeitig wirkte sich die Industrialisierung am See aus. Textil- und teilweise auch Schwerindustrie entstand; vorhandene Bodenschätze (Braunkohle!) wurden, soweit verfügbar, ausgebeutet. Die Grünen Fürsten standen diesem Wandlungsprozess positiv gegenüber und förderten ihn sogar. Ihre Mustergüter in Salem, auf der Mainau und auf Arenenberg wurden zum Vorbild und beeinflussten so ihre Umgebung. Stück für Stück entstand die heutige Kulturlandschaft.

Diese in den Jahren um 1830 durch die Anwesenheit und Initiativen der Grünen Fürsten mit hervorgerufene Entwicklung blieb auch den Besucherinnen und Besuchern nicht verborgen. Louise Cochelet, die

Inhaberin des Wolfsbergs, schrieb in dieser Zeit: »Vor 15 Jahren fehlten [...] alle jene Annehmlichkeiten, die man auf Reisen [und während seines Aufenthaltes] gern vorzufinden wünscht; aber seither hat sich die Stadt [Konstanz und ihr Umland] sehr verändert. Schöne Kaufhäuser und großartige Geschäfte wurden eröffnet, Fabriken gegründet, ein Kasino wurde eingerichtet. Dampfschiffe durchfurchen den Ober- und den Untersee und befördern jährlich zehntausende von Menschen. Die Gasthöfe von Konstanz wetteifern mit den schönen Hotels der Schweiz und empfehlen sich durch die niedrigeren Preise ebenso wie durch die Sauberkeit, die man hier antrifft; so ist Konstanz eine der Städte, die es am meisten verdienen, die Aufmerksamkeit der Fremden auf sich zu lenken; die schöne Lage der Stadt hat nicht ihresgleichen in Europa.«

Angeregt durch die politischen und militärischen Freiheitsbewegungen in Europa und auf der Welt (zum Beispiel der griechische Freiheitskampf gegen die Osmanen) kam es auch rings um den Bodensee zu liberalen und republikanischen Willensbezeugungen. Einer der wichtigen Unterstützer dieser Vereine war Prinz Louis Napoléon, der um sich herum einen Zirkel von »Revolutionären« (in damaligem Sinn) scharte und massiv finanzielle Mittel zur Verfügung stellte. Er bot Verfolgten unter anderem in seinem Schloss Gottlieben Asyl. Besondere Sympathie hegten er und die Bewohner des Bodensees für die Flüchtlinge aus Polen; sie hatten sich erfolglos gegen das russische Reich erhoben. In mehreren Wellen kamen sie in Konstanz bzw. im Thurgau an und wurden von der Bevölkerung mit großer Hilfsbereitschaft, Geld und Festveranstaltungen unterstützt. Ihre Ankunft glich immer wieder einem Triumphzug. Kein Wunder also, dass wenige Jahre später aus diesem Umfeld die (süddeutsche) Revolution von 1848 entstand.

Prinz Louis Napoléon hatte bereits 1838 das Bodenseegebiet verlassen müssen. Zehn Jahre später stürzten seine Landsleute den »Bürgerkönig« Louis Philippe und wählten den Neffen ihres einstigen Kaisers zum Präsidenten der neuen Französischen Republik. Wenige Jahre später wurde er per Plebiszit zum Kaiser der Franzosen ausgerufen. Als solcher brachte er den grünen Gedanken vom Bodensee in sein Vaterland. Nicht umsonst gehen die ungezählten Parks und Gärten von Paris auf ihn zurück. Sie zeugen noch heute von seiner Leidenschaft für Grün.

Des Fürsten letztes Meisterstück

Das liberale politische Umfeld dürfte wohl nicht ganz nach dem Geschmack des alternden Fürsten Nikolaus gewesen sein, aber beschäftigte er sich überhaupt mit diesen Strömungen? Wie schon in seinen letzten Jahren in Wien scheint er auch am Bodensee eher unpolitisch gewesen zu sein. Zwar verkehrte er mit den Vertreterinnen und Vertretern der regierenden Häuser und der umliegenden Staaten, aber diskutierte er mit Prinz Louis Napoléon über republikanische Ideen? Kaum vorstellbar!

Die Mainau schien geschaffen dafür, einerseits dem Privatleben zu huldigen, andererseits boten das Schloss, seine Ländereien und das gesellschaftliche Leben am Bodensee genügend Möglichkeiten zur standesgemäßen Repräsentation. Bälle, Soireen, Soupers, Konzerte, Theateraufführungen, Jagdeinladungen, Ausflüge mit dem Schiff, Reisen nach Frankreich und Italien – alles möglich! Dazu der vertraute österreichische Barockstil, der die verschiedenen Gebäude und vor allem die Schlosskirche prägte. Alles erinnerte irgendwie an die Heimat. Auf dem Festland – ganz wie Wimpassing in der Nähe von Eisenstadt – das ehemalige Kloster Sankt Katharinen, das sich als Jagdanwesen anbot. Hier wie dort führte eine Kastanienallee durch die Kulturlandschaft. Sehr wahrscheinlich dienten das romantische Anwesen mitten im Wald und seine Schenke für kleine Empfänge und Jagdgesellschaften. Zurück zur Frage, warum es Nikolaus II. an den badischen Bodensee zog. Interessant ist die Parallele zwischen ihm und Großherzog Ludwig von Baden (1763–1830). Beide kannten sich natürlich aus Wien und Paris. Ludwig war ebenfalls mit einer viel jüngeren Frau bürgerlicher Herkunft liiert (Katharina Werner, 1799–1850), mit der er auch uneheliche Kinder hatte. Der Großherzog nobilitierte seine Mätresse und verlieh ihr und den gemeinsamen Kindern den Titel Grafen von Langenstein.

Fürst Esterházy in fortgeschrittenem Alter.

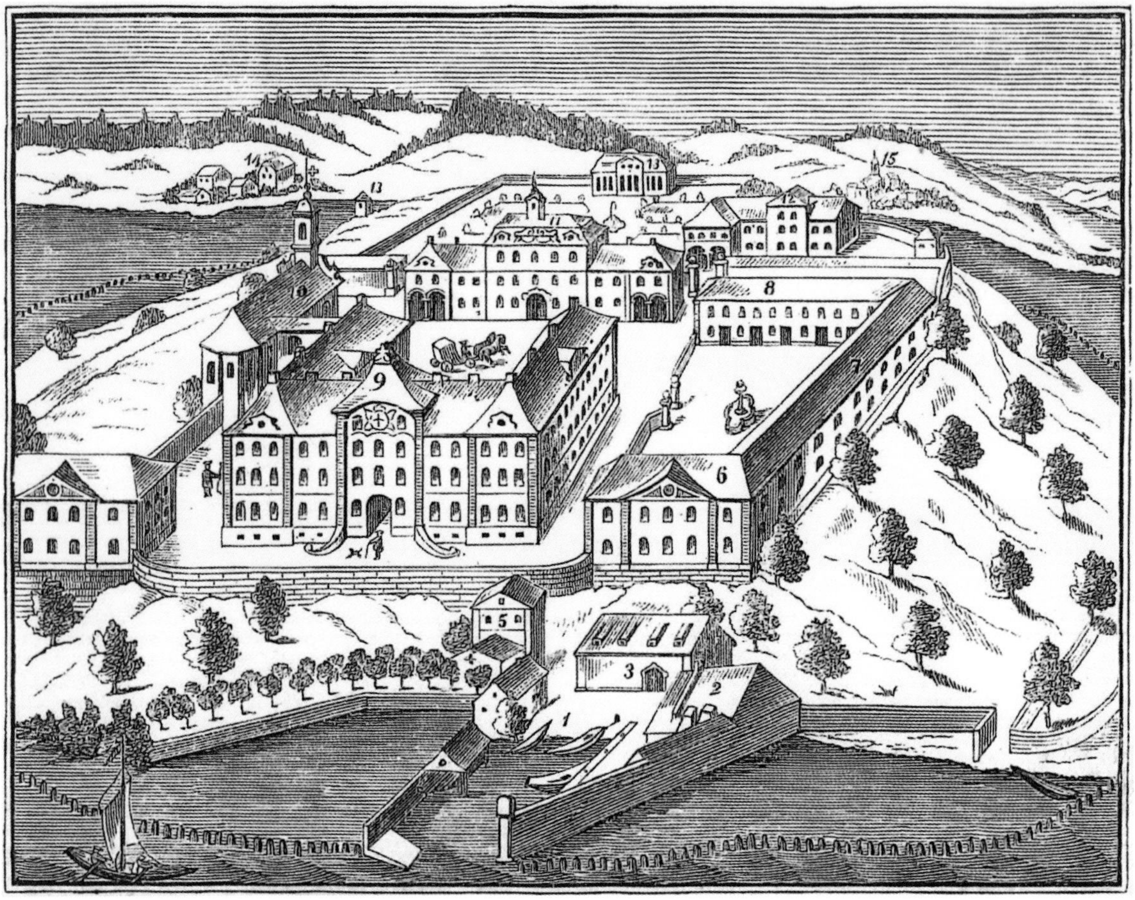

Die Insel Mainau und ihre Festlandbesitzungen in der Barockzeit.

1. *Hafen*
2. *Binderei oder Küferei*
3. *Landkomturkeller*
4. *Seekeller*
5. *Waschturm*
6. *Schreinerei*
7. *Ökonomiegebäude*
8. *Stallungen*
9. *Schloss*
10. *Kirche*
11. *Reitstall*
12. *Tor(bogen)gebäude*
13. *Vogelherd*
14. *Egg*
15. *Litzelstetten*

Auf Wunsch des Fürsten verlieh der Großherzog auch Marie-Louise Plaideux, den beiden Töchtern und dem Sohn Nikolaus den Titel eines Barons von Mainau. Neben der Mainau erwarb Esterházy von Ludwig ebenfalls noch die Grundherrschaft Gailingen und den Malaienhof in der Nähe von Pfullendorf.

Als Fürst Esterházy 1827 die Mainau kaufte, befand sie sich in einem völlig heruntergekommenen Zustand. Nach dem Übergang an das Haus Baden hatte sich niemand mehr um den Unterhalt der Anlage gekümmert. Trotz schmeichelhaftester Verkaufsanzeigen in deutschen, französischen und englischen Zeitungen fanden sich keine Käufer für das Eiland.

Die ursprünglich vorhandene barocke Pracht war nach zwanzig Jahren der Vernachlässigung weitgehend verschwunden, von dem einstmals im französischen Geschmack (Barock-Rokoko) angelegten Hofgarten außerhalb des Festungsgrabens mit seinen bewundernswert zugeschnittenen Buchsbäumen in Form von Pyramiden, Obelisken oder Tiergestalten erahnte man kaum mehr etwas. Alles war verwildert, das Schloss und seine Anbauten teilweise baufällig. Zeitgenossen sprechen auch darüber, die gesamte Anlage sei sehr eng und verschachtelt gewesen.

Es lebten auch kaum mehr Menschen bzw. Bedienstete auf der Insel, einzig Ferdinand Schnetz, der Gastwirt und Hofgärtner, sowie seine Familie, dazu noch die Angehörigen des Fährmanns bzw. Fischers am Eingang bei der Brücke gegenüber dem Festland. Auf den ersten Blick

Das Torbogengebäude von Schloss Mainau nach der Umgestaltung durch Fürst Esterházy.

Der Ehrenhof des Mainauer Schlosses nach den Umbauten durch Fürst Esterházy.

also nicht sehr reizvoll. Aber vielleicht war es genau das, was den Fürsten antrieb. Mit der Insel Mainau erwachte seine alte Tatkraft wieder. Zusammen mit seinem Hof- und Gartenarchitekten Charles de Moreau reiste er gleich zu Beginn des Jahres 1828 an den Bodensee und begann voller Elan die Umbauten.

Die Zeitgenossen trauten ihren Augen nicht. Es muss eine riesige Baustelle gewesen sein. Von überallher kamen die Arbeiter. Voller Bewunderung steht zu lesen: »Es bedurfte der ganzen Vorliebe des reichen und freigebigen Fürsten für die schöne Insel, auf welcher er sehr gerne verweilte, um sie nach der langen Vernachlässigung wieder in einen besseren Stand zu setzen.« Auch Wünsche werden geäußert: »Möchte der durch seine Humanität so liebenswürdige Fürst [Esterházy], dessen Schönheitsgefühl überall, wo man hier wandert, so freundlich anspricht, auch ein Belvedere auf den Zinnen des Schlosses anfügen.« Fast wieder ganz der Alte, dachte der Fürst groß, plante prachtvoll und setzte so weit wie möglich um. Er ließ Türme und Ökonomiegebäude abbrechen, füllte Gräben auf, schuf eine hochmoderne Wasserversorgung, legte anstelle der geometrischen Gestaltung Rasenflächen, Blumenbeete und ein Wegenetz ganz im Sinne des Landschaftsgartens an. Die dazu benötigten Pflanzen ließ er aus seinen Besitzungen in Österreich und Ungarn kommen. Darunter befanden sich viele Bäume und Sträucher, die aus den Pariser Parkanlagen der Kaiserin Joséphine stammten. Am Ufer entstand ein herrliches Arboretum mit Baum und Strauchgruppen, durchzogen von himmelstrebenden Linden- und Nussbäumen. Kein Wunder, dass gerade Franzosen begeistert waren und in höchsten Tönen von dem schönen Schloss und dem köstlichen Garten sprachen, der »mit allen Arten von Pflanzen und Früchten (ausgenommen Kartoffeln) ausgestattet« sei. Die neuen Anlagen beeindruckten natürlich auch das vermögende Bürgertum. So wird berichtet, die mit Königin Hortense verkehrende Kreuzlinger Weingroßhändlerfamilie Bächler habe durch bzw. nach den Plänen des Hofgärtners der Mainau bei ihrem Palais einen herrschaftlichen Park mit Orangerie und Glashaus anlegen lassen.

Als Mainauer Hoflieferant für Pflanzen fungierte wie gewöhnlich Louis Noisette, der wohl ebenfalls den Arenenberg belieferte. Auch der Pflanzentausch besaß Konjunktur. Die um den See wohnenden Adligen schickten sich seltene Pflanzenexemplare als Zeichen der gegenseitigen Verbundenheit. So etwa der in bayerischen Diensten stehende Freiherr Jakob (James) von Washington (1778–1848), ein Cousin des nordamerikanischen Präsidenten, der in Bad Schachen das Gut Giebelbach besaß.

Gärtnerturm und Äußerer Graben auf der Mainau (Louis Napoléon).

Historische Ansicht

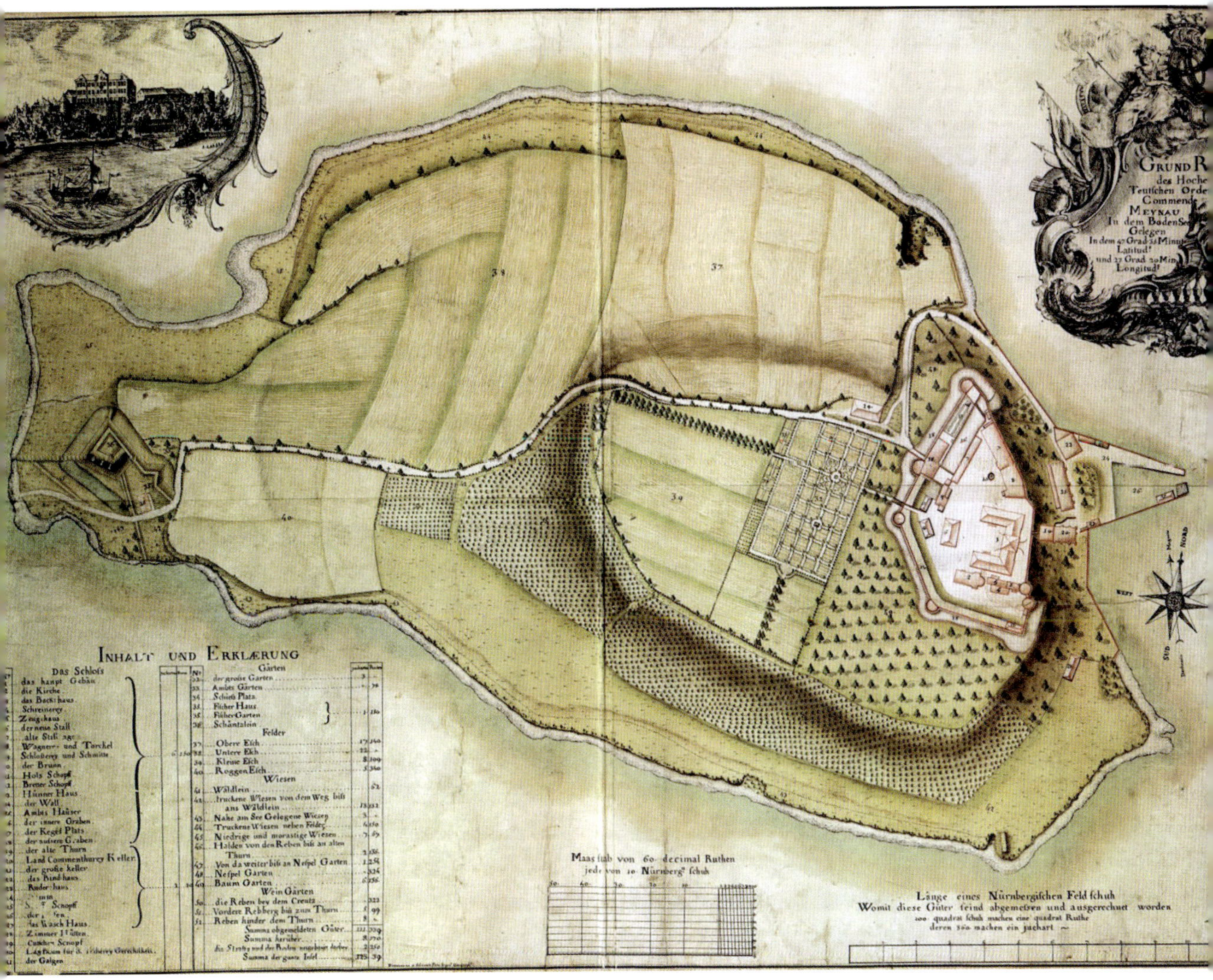

Im Hafenbecken lagen mehrere Schiffe, darunter ein Segner, eine spezielle Segelschiffsform, die eigens für die Spazierfahrten des Fürsten auf dem See gebaut wurde. Auf dem Segelschiff befand sich u. a. ein in den Esterházy-Farben (Gelb und Blau) gehaltener Baldachin mit Seitenwänden aus Tuch. Mast und Segelbaum trugen die gleiche Farbstellung. Dazu ließ Nikolaus das Schiff mit kleinen Kanonen versehen, die zum Salutschießen gedacht waren, wenn ihm Raddampfer mit hohen Herrschaften aus Ludwigshafen (Großherzöge/Markgrafen von Baden), Friedrichshafen (Könige/Herzöge von Württemberg) oder Konstanz (Familie Bonaparte-de Beauharnais) unterwegs begegneten. Neben seinen eigenen Liegenschaften in Österreich-Ungarn dienten ihm sicher wieder Schloss Malmaison, aber auch der nahe Arenenberg (das sogenannte »Malmaison Suisse«) als Vorbild.

Gestaltung der Mainau vor den Umbauten des Fürsten Nikolaus.

Linke Seite: Gärtnerturm in heutiger Zeit.

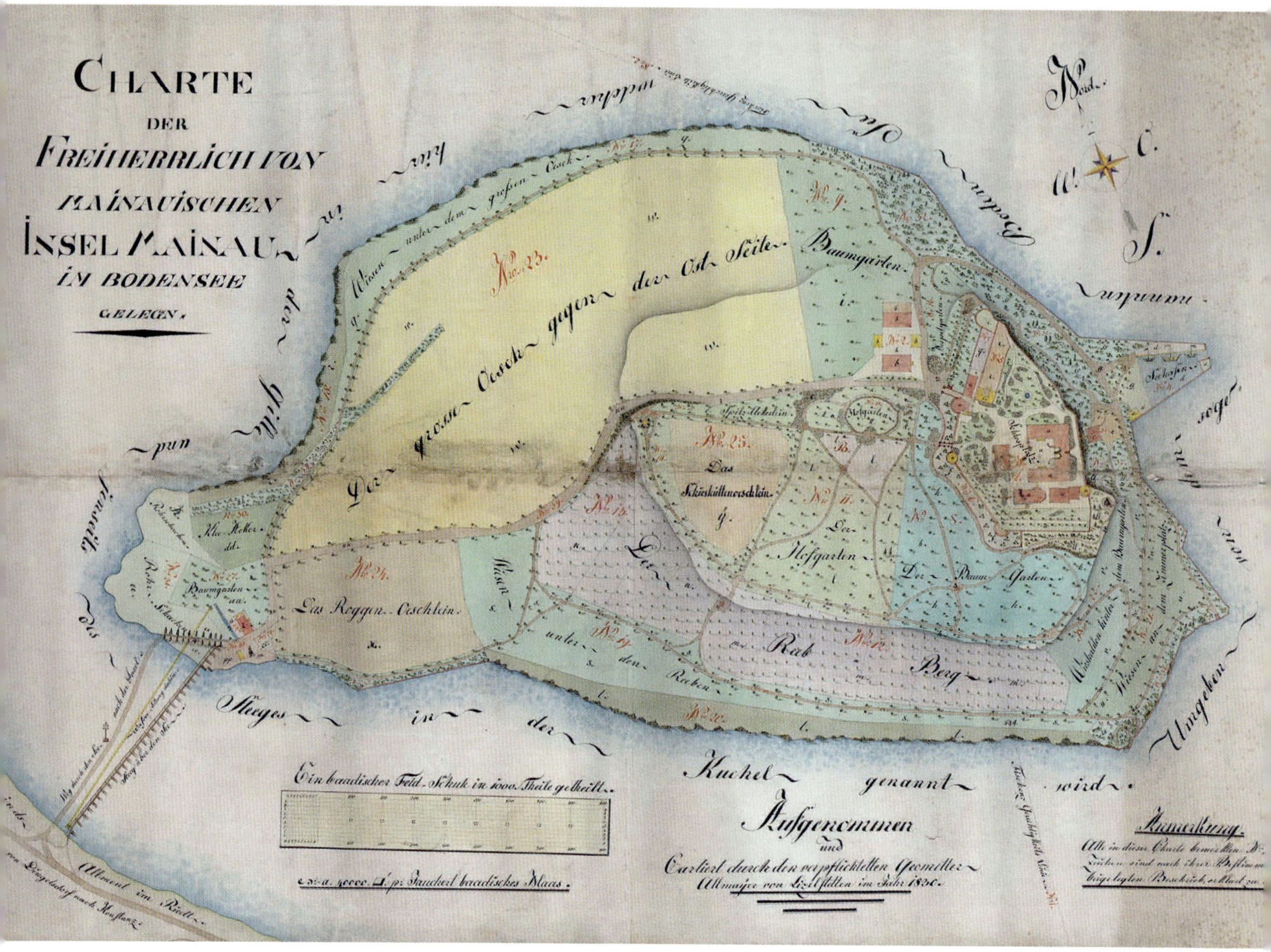

Gestaltung der Mainau nach den Umbauten des Fürsten Nikolaus.

Rechte Seite: Das Feigenspalier des Fürsten Esterházy im Mainauer Palmenhaus.

Flankierend kümmerte der Fürst sich sowohl auf der Insel selbst wie auch auf dem Festland um die Verbesserung der Landwirtschaft. Ganz dem Widmungsspruch seiner Gebäude in Eisenstadt folgend, »dem Schönen und Nützlichen verpflichtet«, entstanden ringsherum mustergültige Betriebe. Der Fürst besann sich auf seinen Traum von Eisenstadt und gestaltete zusammen mit dem Markgrafen Wilhelm von Baden (Salem) und Prinz Louis Napoléon (Arenenberg) das umliegende Bodenseegebiet zu einer Kulturlandschaft erster Güte um. Eine zentrale Rolle spielten dabei der Weinbau, aber auch Obstbäume und Gemüse. So schreibt Gustav Schwab über die Mainau und ihre Umgebung: »Lachende Wiesen, herrliche Äcker, freudig sich erhebende Weinberge, schöne Gemüseanlagen, reizende Gruppen von Obstbäumen, mannigfaltige Schöpfungen der schönen Gartenkunst wechseln miteinander ab und ergötzen das Auge, das nicht weiß, an was es sich zuerst laben soll.« Spezielle Schafrassen verbesserten die

Dieser
Feigenbaum
-Ficus carica-
wurde im Jahre 1827 durch
Fürst Nikolaus von Esterhásy
gepflanzt

1
2
3
4
5
6 Klaft.

Lebensgrundlage der einheimischen Bevölkerung. Zusammen mit Milchvieh und anderen Nutztieren »verschönerten« sie die Landschaft und veränderten sie nachhaltig – Viehzucht wurde an den Ufern des Sees bisher kaum praktiziert. Besonders die widerstandsfähigen Mufflon-Schafe, aber auch auf dem Kontinent eher unbekannte englische Züchtungen kam zum Einsatz. Um sie zu importieren, wurden zunächst eigene Fachleute auf die Insel geschickt, die einen Großeinkauf für die befreundeten (adligen) Interessenten und Staaten tätigten. Wie man sich den Ablauf einer solchen Aktion vorzustellen hat, beschreibt Markgraf Wilhelm von Baden in seinen Erinnerungen: »Der Ankauf geschah in der Grafschaft Leicester und umfasste die Dishley oder Neuleicester-Rasse. Der Transport bestand aus 22 Stöhren (Milchschaf), fünf Mutterschafen mit fünf Stöhrlämmern und 153 Mutter-Lehrlingen, im Ganzen 185 Stück. Er kam

Im Park von Schloss Arenenberg (Lorenzo Quaglio).

Linke Seite: Lustschiff des Fürsten Esterházy.

Unten: Insel Mainau und der Überlinger See mit Egg und Litzelstetten (Nikolaus Hug).

[…] in Mannheim an, wo selbst die Tiere verlost wurden. 33 Stück […] waren für den König von Württemberg bestimmt […]. Ehe ich diese Tiere gesehen hatte, konnte ich mir keinen Begriff von deren Mastfähigkeit machen, denn ein Hammel erreichte nicht selten das Gewicht von 180 Pfund, wobei ein Stöhr oft 15 Pfund Wolle trug, die 7 Zoll bis ein Fuß lang wurde.«

Unter anderem durch die intensive Förderung des Schiffsverkehrs nahmen die Grünen Fürsten auch Einfluss auf die industrielle Entwicklung. Heute in Vergessenheit geratene Bodenschätze wie Braunkohlevorkommen wurden ausgebeutet. Industrie und Natur standen damals nicht im Widerspruch. Ein rauchender Schornstein im Park bewirkte durchaus ein Gefühl von Romantik (was heute allerdings kaum vorstellbar ist).

Rauchender Kamin als Zeichen des Fortschritts in der Kulturlandschaft bei Konstanz (Nikolaus Hug).

Der prachtvolle Weiße Saal im Schloss Mainau.

Bald entstand nicht nur um die Mainau herum ein unvergleichliches Feenreich, das sich nicht zu verstecken brauchte. Im sogenannten »Schlössle« des Fischerdorfes Egg (am Ufer zwischen dem Festland-Eingang der Insel Mainau und Staad bzw. Allmannsdorf, beide heute Stadtteile von Konstanz) bildete sich im Schatten der Mainau ein Musenhof erster Güte. Dort verkehrten Künstler, Landschaftsmaler und Literaten. So wurde die Mainau zu Beginn der 1830er Jahre zu einem wahren Sehnsuchtsort. Im Verbund mit Arenenberg sah man in den prachtvollen Räumen des Mainau-Schlosses die wichtigsten Köpfe ihrer Zeit verkehren. Auch bei der Inneneinrichtung sparte der Fürst nicht. Mit Ausnahme eines einzigen Saales strahlte das Schloss in fürstlichem Glanz des beginnenden 19. Jahrhunderts.

Ein Winkelchen, in dem das Glück wohnt

»Die in Konstanz sich aufhaltende vormalige Königin von Holland [Hortense de Beauharnais] beschäftigt sich viel mit der Kunst und hat auch von dem dortigen braven Landschafter Bidermann schon einige Stücke malen lassen«, schrieb Georg Wilhelm Issel am 3. Juli 1816 aus Schloss Dottenwil bei St. Gallen an seinen Mentor Ernst Christian Friedrich Schleiermacher nach Darmstadt.

Wer ist Georg Wilhelm Issel? Was hatte er mit Malerei zu tun und darüber hinaus auch noch mit den Familien Bonaparte und Esterházy-Plaideux-von Mainau?

Konstanz und seine Rheinbrücke von Norden.

Die Antworten auf diese Fragen sind spannend und vielschichtig.

Zwar sind die Protagonisten weitgehend in Vergessenheit geraten, aber gerade deshalb scheinen sie von besonderem Interesse. Immerhin gilt Georg Wilhelm Issel »als der erste in diesen südwestdeutschen Gegenden, der schlichte deutsche Landschaft gemalt hat, lange bevor die in England und Frankreich emporgekommene Richtung des ›paysage intime‹ nach Deutschland übermittelt worden ist«, schreibt ein renommiertes Künstlerlexikon.

Georg Wilhelm Issel wurde am 13. Oktober 1785 in Darmstadt geboren. Wer sein wirklicher Vater war, bleibt bis heute unklar. Nach einer Notiz aus der Familienchronik handelte es sich um den Erbprinzen und späteren Großherzog Ludwig I. von Hessen. Seine Mutter war Marie Friedericke Dorothea Bürger, in zweiter Ehe mit dem Tuchmachermeister und Stadtfähnrich Johannes Issel verheiratet, der dem Kind auch seinen Nachnamen gab. Da sein »Vater« schon 1787 starb, wurde Georg Wilhelm hauptsächlich von seiner Mutter erzogen und besuchte in seiner Heimatstadt die Schule. Anschließend studierte er Jura und erhielt als uneheliches Kind des Großherzogs nach der üblichen Vorbereitungszeit die Stelle eines Hofkammersekretärs. Schon während des Studiums widmete er sich der Landschaftsmalerei, einer Passion, die ihn nicht mehr loslassen sollte. Finanzielle Sorgen kannte Issel nicht; er erfreute sich höchster Protektion. So verwundert es kaum, dass er sich nur selten am Hof aufhielt. Er beschäftigte sich mehr mit ausgedehnten Kunstreisen, die ihn quer durch Deutschland, Österreich, die Schweiz, Italien und Frankreich führten. Neben seiner eigenen künstlerischen Tätigkeit sammelte er Kunst für die museale Leidenschaft des Großherzogs und schickte diese immer wieder nach Darmstadt. Mit umfangreichen Empfehlungsschreiben ausgestattet, suchte er den Kontakt zu bildenden Künstlern und Schriftstellern.

Überall öffneten sie die Türen für ihn. 1813, bei seinem ersten Aufenthalt in Paris, verkehrte er im Atelier von Jacques Louis David, des napoleonischen Hofmalers seiner Zeit, wo er wertvolle Bekanntschaften schloss. Ob er Königin Hortense schon in diesem Jahr oder erst während seines zweiten Aufenthalts in der Hauptstadt 1814 kennenlernte, muss dahingestellt bleiben.

Ein Jahr später zieht es ihn fast zeitgleich mit den Bonapartes nach Konstanz bzw. an den Bodensee.

Linke Seite: Die Kapelle im einstigen Fischerdorf Egg.

Issel traf in Konstanz auf eine Künstlerkolonie, die vor allem durch den napoleonischen Hof und die Niederlassung des Fürsten Esterházy an Gestalt gewinnen sollte. Die Stadt sei, so schreibt er nach Darmstadt, »durch ihre unvergleichliche Lage für Maler sehr geeignet«; ausserdem könne er hier kostenlos eine reizende Wohnung haben. Die liegt in Egg, einem kleinen Fischerdorf in unmittelbarer Nähe der Insel Mainau (und heute direkt unterhalb der Universität). »Trotz des gegenwärtigen unbeschreiblichen Notstands der hiesigen Gegend« (Issel in einem Brief) herrschte ein reges künstlerisches Leben. Die Malerkolonie bzw. »Konstanzer Schule« (Karl Lohmeyer) setzte sich aus Vertretern der verschiedensten Genres zusammen: z. B. der Tier- und Landschaftsmaler Johann Jakob Biedermann, Lorenz Schönberger, Nikolaus Hug, die Künstlerfamilien Moosbrugger und Pecht. Friedrich Vollmer und natürlich Maria Ellenrieder sowie August von Bayer, der später in Karlsruhe Konservator der badischen Kunstdenkmäler wurde, Robert Eberle und Reinhard Sebastian Zimmermann sowie Adolf Friedrich Zimmermann. Viele von ihnen können als Schüler oder zumindest als Protegés Issels gelten, der dank seiner herausragenden Position immer über genügend Finanzmittel und Verbindungen verfügte, um andere zu fördern. Eine besondere Freundschaft verband ihn mit Ernst Baer, der als Angehöriger der Konstanzer Garnison und späterer Jurist eine ganze Reihe von Zeichnungen der alten Reichs- und Bischofsstadt anfertigte. Trotz seiner guten Verbindungen zieht es Issel aber zunächst weiter; besonders »zarte Bande« bleiben aber nach Konstanz. So heiratet Issel im Juli 1820 Victoria von Chrismar, die Tochter des Stadtdirektors, und zieht 1822 in die Nähe von Kreuzlingen. Kurze Zeit später findet man ihn und seine Familie wieder in der Stadt.

Standesgemäss unterhält Issel zunächst ein Stadtpalais und einen Landsitz in Form des sogenannten »Egger Schlössles«. Dabei handelte es sich um die ehemalige Wohnung eines Beamten der Deutschordenkommende Mainau, die mittlerweile in den Besitz des Fürsten Esterházy übergegangen war. Das »Schlössle« entwickelt sich immer mehr zum Hauptwohnsitz der Familie und zum Treffpunkt der Künstlerkolonie. Diese vergrößerte sich ständig und beschränkte sich mittlerweile nicht mehr allein auf Maler. Literaten, Philosophen und Politiker fanden Eingang: Sicher gehörte der junge Prinz Louis Napoléon dazu, der sich ebenfalls mit Landschaftsmalerei beschäftigt, oder Ignaz Heinrich von Wessenberg, der Verweser des Konstanzer Bistums, Annette von

Kreuzlingen (rechts), Konstanz (Mitte) und die Kulturlandschaft am Untersee (Nikolaus Hug).

Droste-Hülshoff nicht zu vergessen, die mit ihrem Schwager Joseph von Laßberg und dessen Umfeld den Kreis vergrößert.

Wie eingangs schon erwähnt, beschäftigte sich Georg Wilhelm nicht nur mit Malerei, sondern auch mit dem gezielten Erwerb von Kunstgegenständen für die Darmstädter Sammlungen. In der heruntergekommenen Stadt Konstanz, deren Bewohner fast kein Verständnis für ihre Kunstschätze hatten, fand er ein reiches Betätigungsfeld. Glasbilder, Handschriften und Gemälde waren nicht nur im Überfluss vorhanden; sie wurden auch nahezu verschleudert. Issel kaufte sie für seine Auftraggeber und empfand aber gleichzeitig große Wehmut über diesen kulturellen Aderlass für die Region und ihr kulturelles Erbe. Nicht umsonst verfasste er in diesen Jahren die erste deutschsprachige Denkschrift

über den Denkmalschutz. Hier stand er in engem Kontakt mit anderen Sammlern und Fachleuten wie den Brüdern Boisserée in Stuttgart.

Bis heute ist rätselhaft, warum sich Georg Wilhelm Issel von dieser Idylle trennte. 1835 verkaufte er ziemlich unvermittelt »sein Schloss«, obwohl er noch kurz vorher davon sprach, zusätzlich wieder ein Stadtpalais in Konstanz zu erwerben. Lag es am Tod des Fürsten Esterházy? Dessen Sohn, Nikolaus von Mainau, besaß wohl kaum das Interesse und die finanziellen Möglichkeiten, einen solchen Musenhof zu unterstützen bzw. zu fördern. Issel zog jedenfalls nach Freiburg und ließ sich 1844 in Heidelberg nieder, wo er 1870 starb. Die Verbindung zum See gab er trotzdem nie auf. Er schrieb Abhandlungen über die Konstanzer Geschichte und stand mit dem dortigen und dem Überlinger Archiv zeit seines Lebens in Kontakt.

Skizze einer Bodensee-Landschaft (Louis Napoléon).

Zu Gast bei den Grünen Fürsten

Glänzende Feste müssen stattgefunden haben! Soupers, Diners und Soireen, aber auch Gartenfeste und Bälle. Überliefert ist eine solche Festivität, an der die Königin von Württemberg und Großherzog Ludwig von Baden mit seiner *»Mätresse« (wie man damals sagte)* sowie andere namentlich nicht bekannte Honoratioren teilnahmen. Vor und während des Festes tobte ein schreckliches Gewitter, und die Gäste kamen teilweise klatschnass an. Heute kaum mehr vorstellbar, damals aber eine lebensgefährliche Situation. Lucian Reich, ein Kenner des Sees, beschrieb ein solches Spektakel: »Wenn das bekannte Sturmsignal, der weiß-graue Nebel – *Brähme* nennt ihn der Schiffsmann – aufsteigt und zuletzt zur finsteren Wolke gestaltet heranzieht, so sucht jeder Fährmann so rasch wie möglich das tückische Element zu verlassen. – Mit welcher Teilnahme verfolgst Du dann den Segner, der mit Getreide von Überlingen oder mit Ziegel von Bodman kömmt – wie er auf und nieder schwankt in dem mehr als klafterhohen Gewoge, wie er rudert und ringt, den Hafen der Mainau zu gewinnen, der hilfreich seine starken Arme in den gefahrbringenden Wellenkampf hinausstreckt. – Welch ein Anblick, wenn ein plötzlich hereingebrochener Gewittersturm mannshoch die Wogen aufregt, dann in rasendem Gewirbel die Spitzen der Wellen zum sprühenden Nebel zerstiebt, der im Nu weit umher den See verhüllt. – Du stehst am Ufer – […] in Schlangensprüngen, weit, unabsehbar, tobt die weißbeschäumte Woge – und die Brandung am alten Gemäuer führt zur Musik des Sturmes einen wilden dämonischen Tanz auf, hochanspritzend, zischend, lärmend, wie in toller verzweiflungsvoller Lust. – In mitternächtiger Stunde, wenn es über den See, um die alten Mauern und Türme tost und schnaubt, als erklängen im Winde wallende Geisterstimmen […].« Solche dramatischen Situationen gehörten zur Lebenswelt der Grünen Fürsten und taten der festlichen Stimmung keinen Abbruch. Im

Rechte Seite: Königin Hortense als modebewusste Fürstin (Hortense de Beauharnais).

Gegenteil! Man könnte sie fast als einen Teil der Inszenierung solcher Veranstaltungen sehen; denn für die Zuschauer an Land haben und hatten Sturm und Gewitter etwas »schauerlich Bedeutendes und Schönes«.

Ein Zeitzeuge berichtet außerdem, Nikolaus II. habe das gesamte Mainauer Schloss zu solchen Anlässen im Licht von mehreren Tausend Kerzen erstrahlen lassen. Was für ein Bild muss das gewesen sein! Der *Fürst* griff damit auf eine Tradition seines Großvaters zurück, der mit solchen Beleuchtungen schon 1770 (anlässlich der Wahl Josephs II. zum römisch-deutschen Kaiser) sogar die prachtgewöhnten Frankfurter Einwohner in Staunen versetzte. Wir können einen solchen Traum heute nur noch erahnen, wenn der weihnachtliche Christmas Garden die Mainau wieder in ein Feenreich verwandelt.

Wer nahm an solchen Festen teil? Prinz Louis Napoléon und seine immer nach dem neuesten Schick gekleidete Mutter Hortense natürlich. Sicher brachten sie vom nahen Arenenberg auch ihre Gäste mit. Viele davon kannte Fürst Esterházy bereits von seinen Aufenthalten in Paris. Die schöne Salondame Juliette Récamier etwa oder François de Chateaubriand, den geschickten Politiker und angesehenen Schriftsteller. Sicher auch Alexandre Dumas, den gefeierten Romancier und Autor des bis heute begehrten »Wörterbuchs der Kochkunst«. Vielleicht trat auch der junge Franz Liszt als Klaviervirtuose auf, er gastierte schon auf dem Arenenberg. Maschinka Schneider, die bewunderte Sopranistin, gehörte ebenso in den Kreis der Grünen Fürsten und fand offenbar neben ihren Engagements an der Pariser Oper, dem Royal Opera House in London und dem Königlichen Hoftheater in Berlin die Zeit, an den Bodensee zu kommen. Großherzog Ludwig von Baden zählte mit seiner »Mätresse«

Von oben: Kostbares Kristall und wertvolles Porzellan auf der Tafel von Schloss Arenenberg.

Der Mainauer Christmas Garden verzaubert die Besucher.

Gewittersturm über dem Bodensee bei der Insel Mainau.

Katharina Werner, nobilitierte Gräfin von Langenstein, ebenfalls zum Gästekreis wie Markgraf Wilhelm von Baden und sein Bruder Maximilian aus Salem bzw. Petershausen. Schloss Mainau und seine Gärten sahen die Fürsten von Fürstenberg aus Donaueschingen bzw. vom Heiligenberg, die Herzöge und Könige von Württemberg aus Stuttgart bzw. Friedrichshafen, die Fürsten von Hohenzollern aus Sigmaringen bzw. Hechingen und im Gefolge ihre Adjutanten sowie Angehörige der genannten Höfe. Offiziere der Konstanzer Garnison waren ebenso darunter wie Heinrich von Wessenberg, der letzte designierte Bischof von Konstanz, und sein Bruder, ein hochrangiger habsburgischer Diplomat. Dazu viele, viele Honoratioren aus den Städten um den See und dem Hinterland. Grenzen oder Nationalitäten spielten in dieser Zeit noch keine vorrangige Rolle. Man sah sie als notwendiges Übel, das sich je nach politischer Lage auch wieder ändern konnte. Unter den Gäs-

Aus der Wappentafel der Insel Mainau: Freiherr Nikolaus von Mainau, Sohn des Fürsten Esterházy.

ten fanden sich vermutlich auch Vertreter der polnischen Armee, die sich mit Waffengewalt gegen Russland aufgelehnt hatte. Der Aufstand wurde blutig niedergeschlagen; eine Welle von Flüchtlingen ergoss sich über Europa und kam so auch an den Bodensee. Überall schlug ihnen höchste Sympathie entgegen. Fast wäre man geneigt, von einer Parallele zum Heute zu sprechen.

Auf den Besuch von Baronin Natalia Leopoldine Unger von Löwenberg und Marquesa Virginia Maria Bocella, seine Töchter mit Marie-Louise Plaideux, freute sich der Fürst immer besonders. Stets an seiner Seite die geliebte Marie-Louise, mittlerweile zur Baronin von Mainau nobilitiert, und sein Sohn Freiherr Nikolaus von Mainau, dem er die Insel vermacht hatte. Es muss eine illustre Schar gewesen sein, denn die Gästebücher der Mainau weisen zusätzlich noch jede Menge Künstler, Literaten oder Wissenschaftler auf: den Chirurgen Dr. Michael Haga aus Wien zum Beispiel, die Dichter Gustav Schwab und Ludwig Uhland, die Malerin Maria Ellenrieder, Karl Friedrich Schinkel und viele andere mehr. »Ein Hoch auf den durch seine Humanität so liebens-

Aus der Wappentafel der Insel Mainau: Fürst Nikolaus II. Esterházy.

würdigen Fürsten Esterházy, dessen Schönheitsgefühl einen überall, wo man hier wandert, so freundlich anspricht«, steht zu lesen.

J. M. Braun beschreibt in seiner »Taschenbibliothek für Reisende – Wegweiser um den Bodensee und seine Umgebungen« im Jahr 1838 die Mainau wie folgt: »Diese kleine liebliche Insel war in alter Zeit ein Lehen der *Äbte* von Reichenau an die Edlen von Langenstein, die ein nach der damaligen Zeit festes Schloss hier hatten. […] Der Pressburger Friede vereinigte diese Herrschaft […] mit dem Hause Baden,

Blick auf die Mainau vom Krähenberg bzw. Alten Garten bei Egg.

von welchem sie unter dem vorigen Großherzoge Ludwig an den Fürsten Esterházy käuflich abgetreten wurde, dessen Sohn sie jetzt in Besitz hat, und sich davon Baron von Meinau schreibt. Das schöne Schloss wurde vom Fürst Esterházy in den geschmackvollen Zustand erneuert, in welchem es sich jetzt dem Besucher zeigt. Es ist aus roten Sandsteinen in Form eines Hufeisens erbaut, mit einigen mehr scheinbaren Befestigungen umgeben, und enthält in beiden Stockwerken eine Reihe elegant möblierter Zimmer, bis auf eines [der heute sogenannte »Weiße Saal«], welches im altmodischen Geschmack noch an vergangene Zeiten mahnt. Überall öffnen sich herrliche Aussichtspunkte, jedes Fenster ist der Rahmen einer neuen Landschaft, deren Vorgrund ein Seestück bildet, der Centralpunkt aber ist auf dem Balcon im zweiten Stock, von welchen sich zunächst Meersburg und Überlingen deutlich zeigen, so wie viele Dörfer auf dem aufsteigenden badischen Ufer, dessen letzter Punkt, das hoch liegende Schloss Heiligenberg, dem Fürsten von Fürstenberg gehörig, ist, der Bodensee aber seinem größten Teil nach überblickt werden kann. Im Schloss ist eine sehr hübsche kleine Kapelle, das Interessanteste aber ist die große Wappentafel, auf der sämmtliche Kommenthure [Komture des Deutschen Ordens] chronologisch unter ihrem schön gemalten Wappen verzeichnet sind. Diese

Die Kulturlandschaft des Fürsten Esterházy mit Blick auf die Mainau (August Brandmayer).

Die Ins. Mainau mit der Ausſicht auf den Obersee.

Schloſs Mainau.

Neu Birnau.

n. d. Nat. gez. v. Fr. Pecht.

Felskapelle St. Catharina.

Sipplingen.

Frauenberg

Meersburg.

DIE I. MAIN
mit ihren Umge

Lithographie und Verlag der Pecht'ſchen Kunstha
in Constanz.

Sammelblatt mit Ansichten vom Überlinger See.

Tafel befindet sich vor dem Speisesaal auf dem hellen Vorplatz und ist auf Kosten des Fürsten Esterházy neu gemalt worden, nachdem die frühere unscheinbar geworden. […] Zu rühmen ist die Bereitwilligkeit, mit welcher alle Teile des Schlosses gezeigt werden. Angenehm ist es, in dem Wirtschaftsgebäude ›zur Insel Meinau‹, unmittelbar am Schloß, eine ebenso gute als billige und freundliche Bewirtung zu finden. Eine geräumige Laube enthält Raum genug für Gesellschaften, die es vorziehen, hier im Garten zu speisen. Dieser umgibt zum Teil als Park das Schloss und enthält, besonders am See, wo sich ein kleiner Hafen befindet, echt romantische Partien. – Eine bedeutende Meierei neben dem Schloss belebt die Insel, die alle Eigenschaften besitzt, um empfindliche Gemüter zu entzücken; schon von fern, besonders wenn man von Konstanz aus sie zum ersten Mal auf der Höhe des Fahrwegs, oder auf dem Fußweg, da wo der Wald sich plötzlich öffnet, mit ihrem langen Steg und ihrer Pappel-Allee erblickt, fühlt man sich froh ergriffen von der Lieblichkeit ihres Anblicks, in Verbindung mit der nahen und fernen Umgebung. – Alles zusammen verleiht dem Insel-Eiland etwas Zauberisches; die Natur hat hier eine Idylle gedichtet. Als Merkwürdigkeit ist noch zu erwähnen, dass der kleine Arm des Sees, über welchen der Steg führt, bei niedrigem Wasserstande so austrocknet, dass man trockenen Fußes auf die Insel gelangen kann. Unweit des letzteren steht mitten im Wasser ein schön gearbeitetes eisernes Kruzifix.

Über den Steg ans Ufer zurückgekehrt, und noch einen Blick freundlichen Andenkens auf die Garten-Insel geworfen, setzt man den Weg anfangs am Seeufer auf Wiesengrün, und bald in Waldesdunkel nach den auf dem Bergrücken liegenden Dörfern Litzelstetten, Dingelsdorf, Wallhausen, Dettingen mit den Höfen Burg und Rohnhausen fort, um nach dem merkwürdigen Bodman zu gelangen.«

Neben Fürst Esterházy und seinem Sohn Nikolaus von Mainau muss Ferdinand Schnetz (1774–1851) die wohl erstaunlichste Persönlichkeit am Bodensee-Hof des Fürsten gewesen sein: Mehr als fünfzig Jahre war sein Leben mit der Mainau verbunden; Nikolaus II. schätzte, ja liebte ihn als guten Verwalter sowie großen Naturfreund und soll ihn sogar als seinen »ruhenden Pol« auf der Mainau bezeichnet haben. In Altshausen (Württemberg) gebürtig, kam er in jungen Jahren zunächst als »Tafeldecker« auf die Mainau, erlernte das Gärtnerhandwerk, wurde schließlich Hofgärtner und führte nach Auflösung der Deutschordenskommende Mainau das Gasthaus unter dem Torbogen. Dieser Tatsache verdanken wir auch die jüngst wiedergefundenen Gästebücher der Mainau. Dabei handelt es sich jedoch nicht um ein persönliches Gästeverzeichnis des Fürsten Esterházy (wenn es ein solches überhaupt je gegeben hat), sondern um das »Fremden-Buch« der öffentlichen Gastwirtschaft. Trotzdem finden sich darin viele der schon erwähnten hochwohlgeborenen Besucherinnen und Besucher des fürstlichen Hofes.

Deckansicht des zweiten Mainauer Fremdenbuches.

Linke Seite: Vermutetes Portrait des Ferdinand Schnetz (Emanuel Labhardt).

Zeitzeugen zufolge musste es mehr als ein Vergnügen gewesen sein, Ferdinand Schnetz, der als humorvoller und freundlicher Mann beschrieben wird, vom früheren Leben der Komture erzählen zu hören und vom Fürsten Esterházy, dessen österreichischen Dialekt er wohl perfekt nachahmen konnte. Die Gäste wurden dabei – wie es heißt – in eine selbst für damalige Menschen ganz fremde Welt versetzt, was einen »unüberwindlichen Reiz« auf die Zuhörerinnen und Zuhörer ausgeübt haben muss.

Schnetz hatte noch enorm viele weitere Kenntnisse und war dazu ein vorzüglicher Landwirt. Besonders die vom Fürsten Esterházy angestoßenen Verbesserungen in der Ökonomie lagen ihm am Herzen. Nebenher galt er als ausgesprochener Tausendsassa. Er schuf eine künstliche Uhr und erfand mechanische Figuren für den Park. Ausserdem liebte er exotische Vögel, für die er Volieren konstruierte. Im Winter flogen seine Lieblinge im sogenannten »Einsatz«, einer beheizten großen Halle (heute die sogenannte Schwedenschenke), zwischen den exotischen Pflanzen des Fürsten herum. Darunter gab es auch jede Menge Kanarienvögel, die sich dann im Sommer frei durch die prachtvollen Parkanlagen bewegten. Mit Erstaunen hörten die Besucherinnen und Besucher bei Betreten der Insel in der warmen Jahreszeit überall den Gesang dieser Vögel. Es schien den Gästen, als ob sie auf die Kanaren gereist wären.

Die Besucherinnen und Besucher revanchierten sich beim Fürsten Esterházy und seiner Familie auf unterschiedliche Art und Weise für seine Gastfreundschaft. So wohnte ein rätselhafter Engländer namens William Henry Darby (1789-1880) mit seiner Frau auf der Insel bzw. im Schloss und unterstützte den Fürsten mit Geld für die liturgische Ausstattung der Kirche. Fürst Nikolaus und William Darby scheinen auch gemeinsam unterwegs gewesen zu sein. Noch heute erzählt man sich in alteingesessenen Familien von Litzelstetten (einem Dorf südwestlich der Mainau) Anekdoten darüber. So hätten Fürst Esterházy und sein Gast gerne Bootsausflüge unternommen und seien dabei eines Tages von einem der berüchtigten Bodenseegewitter überrascht worden. In heftiger Seenot gelobten Darby und der Fürst, dem Schiffmann einen Wunsch zu erfüllen, wenn er sie wieder unbeschadet ans Festland brächte. Der erfahrene Fährmann bat darum, die Einwohner von Litzelstetten in ihrem Streben nach der Verschönerung ihrer Kirche zu unterstützen. Kaum wieder an Land, erfüllten die beiden, wie der heutige Mesner berichtet, mit großer Gewissenhaftigkeit ihr Versprechen. Joseph von Laßberg (1770–1858), einer der ersten Germanisten und Schwager der Dichterfürstin Annette von Droste-Hülshoff, »entdeckte« die Gründungssage der Insel Mainau. Er fasste sie für Fürst Nikolaus zusammen und publizierte sie.

Ein anderer Besucher, der schon mehrfach erwähnte Schriftsteller Gustav Schwab (1792–1850), griff diese in seinem Reiseführer »Vom

Bodensee« auf und erweiterte sie ganz im Sinne der Romantik. Zusammengefasst lautet sie: Im 13. Jahrhundert verliebten sich Hugo von Langenstein und Eleonore von Bodman ineinander, verlobten sich und standen kurz vor der Heirat. Als Papst und Kaiser zum Kreuzzug aufriefen, nahm Hugo für seinen alten Vater Schwert und Kreuz und brach mit dem kaiserlichen Heer ins Heilige Land auf. Dort geriet er in muslimische Gefangenschaft. Er gelobte der Jungfrau Maria, dass er – im Falle einer glücklichen Flucht – einem Ritterorden beitreten wolle. Um dem Drängen stürmischer Freier zu entgehen, hatte sich Eleonore in der Zwischenzeit in die Obhut von frommen Frauen begeben und lebte als Mündel in einem Kloster.

Unter waghalsigen Umständen gelang Hugo tatsachlich die Flucht. Nach seiner Rückkehr an den Bodensee begab er sich sofort zum Landkomtur der Deutschordensballei Schwaben-Elsass-Burgund in Altshausen und bat um Aufnahme, was ihm gewährt wurde. Der Deutsche Orden diente nach seinen Statuten alleine Kaiser und Gott. Keuschheit gehörte zu seinen Tugenden.

Eleonore erfuhr davon und begab sich ebenfalls nach Altshausen. Sie versprach dem Landkomtur die Schenkung der Insel Mainau und deren Liegenschaften unter der Bedingung, dass ihr geliebter Hugo dort erster Komtur werden sollte. So geschah es. Sie selbst trat anschließend ebenfalls in ein Kloster ein. Ihren Geliebten sah sie nie wieder.

Musik, Theater, Literatur, Malerei … die großen Leidenschaften

Musik (vor allem auch Kirchenmusik) war eine der vielen Leidenschaften des Fürsten Esterházy. Kein Wunder also, dass die Namen Esterházy und Haydn immer in einem Atemzug genannt werden. Aber auch Luigi Cherubini sollte nicht vergessen werden und Ludwig van Beethoven, der seine C-Dur-Messe als Auftragsarbeit des Fürsten Nikolaus schrieb (allerdings gefiel sie diesem nicht, sodass Beethoven die Messe schließlich dem Fürsten Kinsky widmete).

Nikolaus II. führte diese Tradition auf der Mainau fort. Er unterzog nicht nur das Schloss umfangreichen Sanierungsarbeiten, sondern auch die Kirche. Für diese stiftete er kostbare liturgische Gerätschaften und – was an dieser Stelle viel wichtiger ist: Er kümmerte sich um deren musikalische Ausstattung, indem er unter anderem eine neue Orgel einbauen ließ. Soweit wir wissen, veranstaltete er dort Konzerte, zu denen zahlreiche Gäste eingeladen wurden.

Dass durchaus auch der »leichten Muse« gehuldigt wurde, geht aus der Widmung des Programms *Nachtwandler* durch Johann Strauss (Vater) an Nikolaus von Mainau hervor. Sicher gehörte seine Aufführung zu den Höhenpunkten bei einer *Soirée mit Ball* bzw. *Sommer-Assemblée mit Ball*. Auch die Schwiegertochter des Fürsten, Betty (Barbara) von Mainau (1818–1865), eine Tochter des österreichischen Generals von Mumb, liebte Musik. Sie komponierte eigene Lieder und tauschte Noten mit den Adelshäusern der Nachbarschaft. Die bereits in Paris, London, Berlin und Dresden gefeierte Sopranistin Maschinka Schubert (geb. Schneider, 1815–1882) gehörte zu ihren Bekannten und verkehrte in ihrem Umfeld.

Die rekonstruierte Esterházy-Orgel in der Mainauer Kirche.

Schauplatz rauschender Bälle. Das sogenannte Obere Casino in Konstanz.

Interessant ist, dass sich bisher für die Mainau keine Verbindungen in die Welt des Theaters nachweisen lassen. Höchst ungewöhnlich, da Fürst Esterházy in Wien und Eisenstadt ein großer Förderer dieses Genres war. Plante er für die Mainau ein Hoftheater? Wir wissen es nicht! Königin Hortense und Prinz Louis Napoléon besaßen von Arenenberg aus umfangreiche Beziehungen zu den »Brettern, die die Welt bedeuten«. Überliefert sind ein eigenes Hoftheater und Theateraufführungen, die teils mit externen Schauspielern (u. a. aus Konstanz), teils von Angehörigen des eigenen, aber auch befreundeter Höfe bespielt wurden. Sicher nahmen die Mitglieder der Esterházy-Plaideux-von Mainau-Familie an solchen Veranstaltungen teil. Ein gesellschaftliches Ereignis erster Güte, das sich niemand entgehen lassen wollte. Es war wohl kein Geringerer als Lord Byron (1788–1824), der einen solchen Theaterabend unter dem Pseudonym »Writer of Eminence« beschrieb. Parallel dazu besuchte man die Aufführungen im Konstanzer Stadttheater, das damals noch mit barockem Glanz und prachtvollen Logen punkten konnte. Sicher nicht ganz mit den prunkvollen Theatern Wiens vergleichbar, aber für das provinzielle Leben am See ein echter Höhepunkt. Genauso wie die Bälle, die im *Kaufhaus* (heute Konzil), im *Hotel Goldener Adler* oder im sogenannten *Oberen Casino* veranstaltet wurden. Es muss sich um rauschende Veranstaltungen gehandelt haben, deren Mittelpunkt meist Königin Hortense und Prinz Louis Napoléon waren. Dazu natürlich (sofern anwesend) Fürst Esterházy und seine Familie (Marie Louise Plaideux-von Mainau, ihr Sohn Nikolaus von Mainau mit der Schwiegertochter Betty, deren Mutter usw.) bzw. die Markgrafen und Großherzöge von Baden sowie andere Fürstlichkeiten vom See.

Ein Zeitzeuge, Johann von Hard, berichtet darüber, dass die Hohen Herrschaften nicht nur die Konstanzer Museumsbälle besuchten, »sondern auch gar manche Redouten, wie sie im dortigen Theater Saale abgehalten wurden. Es fehlte nicht an guter Gesellschaft, die Konstanz selbst in dieser Zeit noch in hübscher Anzahl lieferte und die teilweise aus dem Hegauer Adel bestand; auch Lindau, Friedrichshafen, Bregenz und die benachbarte Schweiz lieferten ihr hübsches Kontingent hinzu. Meist tanzte Prinz Louis Napoléon den Cotillon [ein aus Frankreich stammender Gesellschaftstanz bzw. ein Tanzspiel mit Verlosung scherzhafter Geschenkartikel] vor. Eine seiner Lieblingstouren, die er besonders gerne im Museum [andere Bezeichnung für das genannte *Obere Casino*] ausführte, war die, sich mit einer Tänzerin einem wahren Knäuel zu entwinden, den die einander folgenden Paare um die Vortanzenden in der Mitte des Saales bilden mussten; war dieser nun glücklich durchbrochen, so hatte ihm Paar um Paar durch sämtliche Säle des obe-

ren Stocks zu folgen. Nicht nur, sondern auch die Treppe hinab durch alle Rauch- und Speisesäle, ja sogar durch das Lesezimmer, wo selbst der Zug an manchem höchst erstaunten Herrn Papa vorüberging, dem der Prinz sein schönstes Kompliment machte. Und jene Bälle – auch die gute Königin Hortense besuchte sie; manchmal nur vermummt im Domino oder als Fledermaus, begleitet von ihren beiden Hofdamen, wie sie sagt, ›seulement pur voir mon bon Louis‹ [nur um meinen lieben Louis zu sehen]. Es war dann aber auch ihren intimen Bekannten gestattet, sie zu erkennen und plaudernd sich neben sie zu setzen.«

Romantische Kahnpartie Richtung Insel Mainau.

Mindestens einer dieser Bälle endete für Prinz Louis Napoléon und Betty von Mainau, der schon erwähnten Schwiegertochter des Fürsten Esterházy, folgenreich. Ein weiterer Gewährsmann berichtet: »Nach den Bällen fuhr er [der Prinz] mit der schönen Baronin Mainau, einer Österreicherin, im offenen Kahn nach der Mainau, von welchem Scherz die schöne Frau einen hinkenden Fuß [Andeutung auf eine Schwangerschaft] erhielt.«

Von dem Verhältnis zwischen Prinz Louis und Betty von Mainau wird noch am Ende des Buches zu berichten sein.

Der rätselhafte Writer of Eminence

Wie man sich einen Theater- und Musikabend vorzustellen hat, beschreibt ausführlich der oben erwähnte unbekannte Besucher:

»Im letzten Frühsommer stieß ich in Paris zufällig auf die Anzeige eines schweizerischen Erholungsortes, der steten Wanderern auf der Suche nach ein paar Monaten Rast geradezu ideal erscheinen musste. Schon der Name, Schloss Wolfsberg, war irgendwie malerisch, sodann lag der Besitz in der

Blick von der Terrasse des Wolfsbergs. Im Hintergrund der Untersee mit der Insel Reichenau.

Colonel Charles Parquin. Hoch dekorierter Veteran der napoleonischen Armee.

Nähe des von Reisenden verhältnismäßig wenig berührten Bodensees und gehörte einem alten Soldaten, der seiner Tapferkeit wegen die Leibgarde Napoleons befehligt hatte und dessen Gemahlin die »gewesene Ehrendame« der nun ausgebürgerten Hortense war. Das war nun gerade, was mir zusagte, ein Ort, wo ich mich auf Wiesen tummeln und sonderbare Geschichten hören konnte, bis das heiße Wetter vorüber war. In wenigen Tagen war ich deshalb durch die grünen Weinberge Frankreichs gefahren, hatte das eigenartige schöne Dunkel des Schwarzwaldes hinter mich gebracht und stand nun auf der Anhöhe, von der aus man das Endstück meiner Reise erblicken konnte. Die Aussicht hatte nichts vom scharfen Umriss oder dem Überraschungsmoment, der sonst der Schweiz eigen ist. Sie glich dem Geburtsland des Friedens: in der Ferne durchschnitt der See die bläulichen Erhebungen des Geländes, die sich bis in die sonnenglänzenden, schneebedeckten Gipfel Tirols verloren, und es schien das Herz mit heimatlichen Willkommen zu überfluten. Nicht eine einzige Erwartung hatte der Prospekt aufkommen lassen, die nicht in reichem Maße Erfüllung fand. Das Schloss war unseren eleganten Landhäusern nicht unähnlich, es blickte auf einen Abhang von einer Viertelmeile Länge herab, der sich vom Wald zum Weinberg wandelte, schließlich in die ruhigen Wasser tauchte und das betrachtende Auge mit den weißen Segeln hinübergleiten ließ zum deutschen Ufer und dort von einem kleinen Kirchturm zum anderen. Zur Rechten und zur Linken waren es nur wenige Schritte, und man verlor sich in kleinen Tälern voller Nussbäume und labyrinthischer Bächlein. Wer weiß, ein paar Stunden abenteuerlicher Fahrt, und man hätte über den Wolken Tirols Freiheitsgesang erklingen hören.

Die Dame des Hauses hatte ihr Leben an Höfen verbracht, ihr Mann aber war nie aus den Heerlagern herausgekommen. Allen beiden konnte ein in der englischen und französischen Gesellschaft verbreitetes Übel nichts anhaben: Sie schätzten andere Nationen beinahe ebenso sehr wie ihre eigene, formten ihre Ansichten ohne Vorurteil und verstanden es, sich so höflich und aufmerksam zu geben, dass sie nie unnatürlich und aufdringlich schienen. […]

Außer ihnen selbst gab es noch zwei oder drei junge französische Damen, die mit der Hausherrin dieselbe Schule besucht hatten und nun aus ähnlichen Gründen im Schlosse lebten. Nie werde ich den romantischen Genuss vergessen, mit dem ich in so vergnügter Gesellschaft die Wälder durchstreifte, die fröhlichen Ausrufe, mit denen sie die geringfügigen Hindernisse überwältigten, und den Schrecken, wenn jemand in einen Bach gerutscht war oder sich in einem Brombeerstrauch verfing.

Auf diesen Ausflügen kamen wir des Öfteren unter dem ruhigen, unauffälligen Wohnsitz der früheren Königin von Holland vorbei. Er lag auf halber Höhe eines grünen Hügels, umgeben von Bäumen, durch die man flüchtigen Einblick genoss, gerade genügend, meine Begleiter wieder auf ihr Lieblingsthema zu bringen. Die Anhänglichkeit und Bewunderung, mit der sie ihre frühere Herrin beschrieben, wie sie so zufrieden ein einfaches Leben zu genießen wisse, trotz der Verbannung aus ihrem Geburtsland und der Schlechtigkeit einer Welt, deren sie mit Recht müde war, erweckte in mir den Wunsch, ihr vorgestellt zu werden. Dies war allerdings ein schwieriges Unterfangen. Nun war in ihr nur noch jener Stolz vorhanden, der seinen Ursprung in einem überlegenen Geist hat; dieser aber hatte einen solchen Einfluss auf ihre Umgebung gewonnen, dass sie in ihrer Zurückgezogenheit nicht weniger Königin war als zur Zeit ihrer wirklichen Macht. Alles, was meine Freunde

Schloss Arenenberg von Südwesten (Emanuel Labhardt).

zu versprechen vermochten, war, dass sie verlauten lassen würden, dass ein Ausländer angekommen sei in der Nachbarschaft, es so Hortense überlassend, aus dieser Nachricht und dem Wissen um das Interesse, das sie stets erweckte, eine Initiative zu ergreifen.

[…]

Zurzeit wohnten bei ihr außer zwei Hofdamen, ihrem jüngeren Sohn und ihrem Hauslehrer der Dichter Casimir Delavigne, dessen Bruder – selbst ein

ausgezeichneter Dramatiker – und etliche Freunde mit gleichen Interessen. Neben anderen Unterhaltungen beschloss man, ein Theater zu gründen, in dem verschiedene Vaudevillestücke zur Aufführung gelangen sollten, jedem einmal nach Wunsch eine geeignete Rolle bietend. Eine meiner Gefährtinnen, eine dunkelhäutige kleine Hexe, von der Natur geschaffen für sportlichen Zeitvertreib, sollte ebenfalls eine Rolle spielen, was zur Folge hatte, dass mich die Theater-Angelegenheit umso mehr interessierte. [...] *Eines schönen Abends – wir hatten uns gerade in kleinen Gruppen über den Rasen verteilt (einige umherirrende Engländer waren noch zu unserer Gesellschaft gestoßen) – verlautete, Hortense beabsichtige, Madame einen Besuch abzustatten. Wie ich sie nun so langsam den Hügel heraufkommen sah, in drei sommerlichen Wagen mit ihrem Gefolge, erschien mir die Eleganz der Kavalkade von so außerordentlich schönem Anblick, dass ich mich des Gedankens nicht erwehren konnte, sie habe es eigentlich auf einen zeremoniellen Besuch bei den Fremden in unserer Gemeinde abgesehen.*

Derart war das Erscheinen Hortenses, dass sie unfehlbar Gefühle der Bewunderung und Zuneigung hervorrief. Ihr intelligentes Gesicht trug den milden Ausdruck der vollendeten Aristokratin zur Schau, und trotz mittlerer Größe war sie von eindrucksvoller Statur. Wie sie sagte, bedauerte sie, nicht früher über die beabsichtigte Dauer unseres Aufenthaltes in diesem Teil der Schweiz unterrichtet gewesen zu sein; denn in der Meinung, wir würden nur wenige Tage hier verweilen, habe sie unsere Zeit nicht in Anspruch nehmen wollen; zu ihrem Bedauern sei es ihr unmöglich, uns, wie sie es gewünscht hätte, zu empfangen, und schließlich teilte sie mit, dass sich einige kleine Theaterstücke in Vorbereitung befänden und wir – so wir uns für solche Nichtigkeiten überhaupt interessierten – mit Vergnügen dabei sein dürften. [...]

Endlich kam der Theaterabend, und ich überschritt wahrhaftig die Schwelle von Hortenses Besitz. Er war ein geliebtes Kleinod, bei dem an gutem Geschmack nicht gespart worden war. Was Terrassen, Spaliere, Geißblatt und exotische Pflanzen zu vollbringen vermochten, war hier in Vollendung zu sehen. Der Blick, den man – da durch den Wald, dort über den Steilhang – genoss, wurde immer wieder aufs Malerischste gefesselt. Hier die rebenüberwachsene Insel Reichenau mit ihren Häuschen, die sich schimmernd im Zwielicht des Sees spiegelten, dort der edle Bereich des blauen Rheins, der sich vom kurzen Rastort aus einen Weg den Rheinfall von Schaffhausen hinunterbahnen musste – und weiter weilt das Auge auf den Umrissen des Schwarzwaldes, die im Westen dahinschwanden. In einer dritten Richtung schienen die Türme von Konstanz in Dunst und Wasser zu versinken, und noch weiter weg unterschied man kleine Uferdörfer, wie entschwindende Gestirne immer schwächer leuchtend, bis Land, See und Himmel in der Dunkelheit verschmolzen.

Die Gebrüder Delavigne und Eugène Scribe auf Schloss Wolfsberg (Joseph Nicolas Fleury).

Besucherinnen und Besucher im Ehrenhof von Schloss Wolfsberg.

Bei meinem Eintritt fand ich drei oder vier ineinandergehende kleine Zimmer voll Menschen, Hortense selbst war mit dem Theater beschäftigt. Die Wände des Hauptappartements waren mit Bildern geschmückt, unter denen man mir ein lebensgroßes Porträt von Joséphine zeigte. Blass, graziös, mit melancholischem Ausdruck lehnte sie sich im Schatten dunkler Büsche zurück. Der Traurigkeit wegen, die das Bild erfüllte, stellte ich mir vor (ich vergaß, mich zu vergewissern), dass [es] in jener Zeit gemalt worden sei, da das Modell seine Ehe den gefühllosen politischen Ansichten des Gattens geopfert und durch Einsamkeit und Kummer die echten Werte menschlicher Größe erlernt hatte. Das

Gefühl von Resignation war so vollendet ausgedrückt, so zart und so rührend, mit wohltuender Abwesenheit des sonst so melodramatischen französischen Stils, dass die Betrachtung beinahe einer Philosophiestunde gleichkam. Im angrenzenden Raum fand ich weitere Bilder und einige Büsten, unter denen sich auch Lord Byron befand, mit dessen Werk ich später die Herzogin gänzlich vertraut finden sollte; denn obschon ich sie nie die englische Sprache sprechen hörte, war sie fähig, sie mit Leichtigkeit zu lesen. Auf einem Sockel, in der Mitte eines nach beiden Seiten zur abfallenden Landschaft geöffneten Raumes, war es wieder Joséphine, die sich, lebendig gewordenem Marmor gleich, geisterhaft durch das Dämmerlicht zu bewegen schien. […]

Aufgeschreckt aus meinen Träumereien, bemerkte ich, dass sich die Gesellschaft in den übrigen Räumen in Richtung auf das Theater in Bewegung gesetzt hatte, ein Gebäude, das sich unweit vom Hause befand. Den Amateurschauspielern machte es alle Ehre und war verdienter Weise ganz besetzt; denn, um es genau zu sagen, es war nicht einmal ein Stehplatz mehr zu haben. Aus den bärtigen Baronen zu schließen, die anwesend waren, mussten sich ganze Sippen von meilenweit her Stelldichein gegeben haben; […]

Als Erstes bot man »L'Epreuve d'Amour«, ein sentimentales kleines Stück, in dem der Held seiner Auserwählten, um ihre Liebe auf die Probe zu stellen, eine Anzahl Verehrer empfiehlt, um sich schließlich, zufriedengestellt, selbst anzubieten. Die weibliche Hauptrolle spielte die Herzogin auf eine Art, die mich schnellstens vergessen ließ, dass es die Herzogin und nicht die Schauspielerin war, die zu sehen ich gekommen war. Eine ihr eigene Schattierung von Melancholie, zusammen mit angeborener Grazie, erleichterte ihr die Rolle. Selbst wenn sie kein Wort sprach, hätte man das Schauspiel für ihre ausschließliche Aufgabe halten können. Das stille Beben, mit dem sie ihrem hartherzigen Geliebten sein Bild zurückgab, gehört zu meinen schönsten Theatererinnerungen. Leider ist es mir nicht möglich, hier Auszüge aus dem Stück wiederzugeben; denn sei es, dass wir für gut halten, was eigentlich nur gut vorgetragen worden ist, sei es wirklicher Wert, ich neige zur Ansicht, dass es etwas enthielt, das den englischen Lustspielen zugutekommen könnte. […]

Tanz mit der Königin

Nach dem Theater kehrten wir zum Hause zurück und fanden alles vorbereitet zum Tanz, der mit einem Walzer begann. Man hat mir gesagt, dass es Deutsche gebe, die diese Schritte zur Perfektion beherrschten, eine Fähigkeit, die ich im Ursprungsland weniger bewundere als in England. Es schien angebracht, so man sich dabei auszeichnen wollte, statt der schwimmenden, oft nicht ungraziösen Bewegungen meiner Landsmänninnen wie ein Kreisel herumzuwirbeln, mit kleinen Wendesprüngen, als wäre ein Bein kürzer als das andere. Ich machte einige vergebliche Versuche, mich dabei zu distinguieren, musste aber aus Angst, meine Partnerin beim Schritthalten in Stücke zu zerreißen, aufgeben. Mit der Zeit wurde der Gesellschaft schwindlig, und man versuchte es mit einer Quadrille, vor der ich mich nach meinen vorausgegangenen Misserfolgen etwas fürchtete. Das »otium cum dignitate«, das ich mir versprach, war von kurzer Dauer, denn nun wurde ich mit der höchst schmeichelhaften, aber doch etwas erschreckenden Aufforderung, mich mit der Herzogin aufzustellen, aus meiner Ecke geholt. Wirklich war ich der einzige Engländer in unserer Gesellschaft, der es gewagt hatte, sich um diese Ehre zu bewerben, und war wohl teilweise aus Spielerei, teils aus Höflichkeit meinem Vaterlande gegenüber eingeladen worden. Zum Glück vertrat ich meine Heimat nicht nur ohne irgendwelche Komplikationen, sondern geradezu mit Erfolg. Ein junger Franzose versicherte mir, ich hätte wirklich sehr gut getanzt, was ungefähr bedeutet, nicht allzu gut, nicht so gut wie etwa ein Franzose, aber doch für meine Verhältnisse gut genug. Ich fühlte keine Lust, mit ihm eine Lanze zu brechen, hatte er doch den Tanz mit der Herzogin für allgemein befriedigend angesehen. Nichts daran war französisch gewesen. Für sie bedeutete er einen Zeitvertreib, nichts Gelerntes; sie bewegte sich mit einer jugendlichen Ungezwungenheit, die nur leicht von freundlicher Würde eingedämmt wurde. Diese unprätentiöse, spontane und natürliche Grazie schien mir von jeher das einzige Schöne am Gesellschaftstanz, ja geradezu unwiderstehlich schön: eine Pantomime des Geistes, aller gelehrten Doktrin entgegengesetzt und deshalb überlegen. In der Pause zwischen den Tänzen wurde zur Klavierbegleitung gesungen. Hier war Hortense in ihrem Element. Sie sang mit derselben Leichtigkeit, mit der sie zuvor getanzt hatte, einige Lieder, deren Komponistin sie, wie ich später erfahren sollte, selber war und denen der Leser oft mit Genuss gelauscht haben mag. Darunter befand sich auch die herrliche Melodie »Partant pour la Syrie«, ein Beweis, dass ich nicht übertrieben habe.

Linke Seite: Büste der Kaiserin Joséphine (Joseph Chinard).

Die Skizzenbücher

Zu später Stunde begann sich die Gesellschaft aufzulösen, die Übriggebliebenen gruppierten sich in kleinem Kreise um die Tische mit den Skizzenbüchern und Werken der »belles-lettres«. Das Glück wollte es, dass ich auf ein prachtvolles Album stieß und außerdem neben eine schöne junge Ehrendame der Herzogin zu sitzen kam, die mir alle darin enthaltenen Schätze erklärte. Was ich am meisten bewunderte, war Hortenses Werk. Bei einer Serie ihrer farbig skizzierten Porträts, deren Personen mir bekannt waren, hätte mir sogar umgedreht die frappante Ähnlichkeit noch auffallen müssen. Gleicherweise besaß sie Macht und Zartgefühl für das Wachrufen von Erinnerungen. Die geliebten Landschaften im verbotenen Frankreich, die Appartements, die sie einst bewohnt hatte, alles war so meisterhaft dargestellt, dass sie die besten Amateure beschämen musste. Ihre größte Sorgfalt galt der Echtheit in der Wiedergabe und, bedachte man die augenblicklichen Verhältnisse, musste dies alles zum Herzen des Betrachters sprechen. Es gab außer den Arbeiten der Herzogin zahlreiche Skizzen von den besten Künstlern Frankreichs. An eine erinnere ich mich besonders, da es sich um eine Szene handelte, bei der ihr Sinn für das Pittoreske und das Melancholische vollständig Erfüllung gefunden haben musste. Sie saß bei Mondlicht in den Ruinen Roms, malerisch umgeben von einer Freundesgruppe, während der Dichter Delavigne eine Tragödie vorlas. Bei den meisten Menschen hätte man eine solche Situation als allzu romantisch belächelt, bei Hortense war das anders; Untergang und Tragödie hatten in ihrem Leben eine zu große Rolle gespielt, als dass sie sich in ihrer Umgebung fremd ausgenommen hätte.

Ich weiß nicht, wann sich mein Interesse gelegt hätte in diesem Hort guten Geschmacks und Talents. Gegen Morgen war ich gezwungen, mich zu verabschieden, und ich zweifle nicht, dass es keinen einzigen Menschen gab, der bei diesem hellen Mondlicht heimkehrte, ohne zuinnerst zu fühlen, dass Hortense eineinhalb Jahrhunderte zu spät auf die Welt gekommen war. Für ein Zeitalter der Bigotterie und der Überläufer schien sie nicht zu passen, in jener echten Poesie und Ritterlichkeit wäre sie Gegenstand schönster Dichtungen und Begegnungen gewesen.

Anschließend sah ich sie noch oft – sowohl in ihrem eigenen Hause als auf dem Wolfsberg – und fand nie etwas, das jenen ersten Eindruck zerstört hätte, den ich bei meiner Einführung gewonnen hatte. Abgesehen vom Interesse, das sie selbst erweckte, war sie stets in Gesellschaft irgendeiner Persönlichkeit, die in der Welt Ansehen und Neugier erregt hatte; oft war es ein berühmter Maler oder Dichter, manchmal ein ruhmreicher Soldat, der den Ruhestand dem Verdacht opportunistisch-politischer Wetterwendigkeit vorzog; dann wieder ein Großherzog oder eine Herzogin [...]

Gesellschaftsspiele

Für diese ganze Gesellschaft bestanden die Vergnügungen, wie schon erwähnt, aus Ausflügen zu schönen Punkten der Umgebung und musikalischen Wasserpartien. Gerade diese besaßen oft einen besonders romantischen Effekt [...]

Königin Hortense singt.

Auf der Jagd

Fürst Belgiojoso als Teil einer Jagdgesellschaft am Bodensee (Alphée de Regny).

Für die Herren gab es außerdem noch die Jagd, eine angenehme Gelegenheit, die Zeit totzuschlagen. Um der Wahrheit zu genügen, bin ich der betrüblichen Ansicht, dass die Franzosen schlechte Weidmänner seien und die Deutschen nicht viel bessere. Ich war Zeuge einer solchen Jagd in der Nachbarschaft, die um ein Haar meiner »mir selbst genügenden« Tanzerei ein Ende gesetzt hätte. Unsere Gesellschaft bestand, wie

hier üblich, aus 20–30 Schützen, die mit ihren ungeheuern, vorn und hinten aufgespaltenen Wildbeuteln wie alte Kleiderpuppen aussahen. Außerdem gab es da ein ganzes Regiment scheußlicher kleiner Buben mit zwei spitzigen Hüten, die ihnen ein Aussehen verlieh wie Teufel aus Webers Oper »Der Freischütz«. Diese ganze Bande wurde in ein entferntes Waldstück befohlen, um dann das Wild mit deutschem Gebrüll und bellenden Glocken in lähmende Angst zu versetzen. Mittlerweile hatten sich die Schützen in Abständen auf den drei übrigen Seiten verteilt, sodass ein jeder einen schmalen Weg überwachen konnte. Kam ein unglückseliger Rehbock einen solchen Pfad herunter, wurde er entweder frontal angeschossen oder in Todesangst hin und her gehetzt. Es gab genug Wild, und kurz nachdem das Geschrei begonnen hatte, knallte es los wie an einem 5. November [Belchen, Jagd auf dem See]. Während dieser Hetze verirrte sich ein kleiner Hase in meine Nähe; mein Nachbar hatte aus Furcht, zu spät zu kommen, schon beide Läufe ausgeschossen, bevor er ihn sah, und so gewahrte ich mit Genugtuung, dass das Tier heil entkam. Mein Jagdgenosse, ein alter Soldat, der von einer Vogelflinte ebenso wenig hielt wie von einer Knallbüchse, war entschlossen, sich kein Lob über seine Geschicklichkeit entgehen zu lassen: »Voilà, Monsieur«, schrie er, »das war ein guter Schuss! Ich habe zwischen ihren Beinen durchgeschossen, ohne sie zu treffen!« Als diese »Mêlée« vorüber war und wir die getöteten und verwundeten Tiere suchten, war das Endergebnis, dass einer unserer Jäger bedauernswerter Weise verpfeffert worden war.

Der Abschied

Schließlich kam für mich die Zeit, der Schweiz Lebewohl zu sagen. Es war beschlossen worden, dass ich mit einer kleinen Gruppe meiner Wolfsberger Freunde nach Italien ziehen sollte, und so machten wir ein oder zwei Abende vor unserer Abreise einen Abschiedsbesuch bei der Herzogin. Sie äußerte sich mit Bedauern und sehr liebenswürdig, sie lud uns ein, sie im Winter in Rom zu besuchen und so unsere Bekanntschaft zu erneuern. Ihre Bemühungen, uns einen guten Eindruck von ihrem freundlichen Wohlwollen zu hinterlassen, berührten uns sehr angenehm. Sie gab vor, sich für die Pläne jedes Einzelnen zu interessieren, und erteilte – wo es ihre Erfahrung gebot – Ratschläge für unsere Reise. Ihre eigene Art, Plätze und Zustände zu beschreiben, überzeugte mich davon, dass sie nicht nur oberflächlich zu sehen verstand, sondern mit einem sich stets bereichernden Geist. Von den Schönheiten der Natur sprach sie mit einer ruhigen Begeisterung, einer Dichtung vergleichbar, Charakter und Literatur erwähnte sie äußerst interessiert, indessen ohne die Schärfe des vollendeten Kritikers. Wenn Hor-

tense jemals ihre Mußestunden zur Niederschrift ihrer Memoiren benützen sollte, würden diese ein interessantes Zeitdokument darstellen. Als wir uns zum Abschied erhoben, erbot sie sich, uns bei der schönen Nacht ein Stück Weges zu begleiten, sie kam ungefähr eine Viertelmeile weit mit, bis dahin, wo sie eine weite Aussicht auf den See genießen konnte, über dem der Mond wie eine rote Kugel aufging, die so etwas wie eine flammende Säule zu ihren Füßen schoss. »Nun will ich mich von Ihnen verabschieden«, sagte sie, und wir überließen sie der ruhigen Betrachtung einer Größe, die nie verblassen, und einem Vergnügen, das nie trüben wird. Dies war das Letzte, das ich von ihr sah und vielleicht sehen werde, von ihr, der vollendeten Hortense, unserer kurzen Bekanntschaft aber werde ich mich immer erinnern; wie ein Vertiefen in jene Tage, die ihrem Lande den Charakter der hervorragendsten Nation gegeben haben.«

Königin Hortense im Gotischen Haus (heute Kapelle) auf Arenenberg (Felix Cottreau).

Reisen, Ausflüge und andere Vergnügungen

Neben den Arenenberger- und Konstanzer Quellen sind es die Lebenserinnerungen des Markgrafen Wilhelm von Baden (1792–1859), die uns ein lebendiges Bild von den Aufgaben, Arbeiten und Aktivitäten der Grünen Fürsten hinterlassen. Wilhelm, Militär durch und durch, diente bereits als Offizier in der badischen Armee, als diese unter Napoleon I. nach Russland marschierte und an der Beresina ein erstes Mal unterging. Auch die zweite Katastrophe, die Völkerschlacht bei Leipzig, erlebte er auf der Seite Napoleons. Selbstverständlich kannte er die Schlüsselpersonen seiner Zeit, darunter auch Königin Hortense. Und natürlich auch Stéphanie, eine Cousine von Hortense, die eine Zeit lang Großherzogin von Baden gewesen war.

Zusammen mit seinem jüngeren Bruder Maximilian (1796–1882) verwaltete Wilhelm die ehemaligen Bodenseeklöster Petershausen (heute Konstanz) und Salem mit den dazugehörigen Liegenschaften. Als großherzoglich-badischer Kriegsminister und Chef des in Konstanz stationierten 2. Badischen Infanterieregiments Markgraf Wilhelm, das seinen Namen trug, kümmerte er sich nicht nur um die Besitzungen, sondern vor allem auch um das badische Militär. Wenn der Regimentschef in seiner Garnison eine »Musterung« durchführte, handelte es sich einerseits um eine militärische Gepflogenheit, andererseits aber auch um einen gesellschaftlichen Anlass erster Güte, zu dem auch Gäste eingeladen wurden. Kein Wunder also, dass sich unter den geladenen Anwesenden auch Fürst Esterházy und Marie-Louise Plaideux befanden. Ihre Präsenz zeigt den hohen Stellenwert, den der Esterházy-Hof auf der Mainau für das Bodenseegebiet besaß. Tags darauf besichtigten die hohen Herrschaften Reben und den Konstanzer Loretto-Wald. Zurück nach Salem ging es natürlich mit dem Schiff. »Als wir auf dem Rückgang an der Mainau vorbeifuhren, salutierte uns der Fürst Esterházy

Markgraf Wilhelm von Baden.

mit seinem Geschütz«, schreibt der Markgraf zufrieden. Auch dieser Vorgang unterstreicht die große Wertschätzung, die man sich entgegenbrachte. Einige Tage später besuchte Wilhelm die württembergische Königsfamilie in Friedrichshafen und verliebte sich dabei unsterblich in Herzogin Elisabeth von Württemberg, die noch im gleichen Jahr

Die Anlage von Kloster und Schloss Salem bildet eine gelungene Symbiose aus historischer Authentizität und Rekonstruktion.

Lacus
Podamicus
Der Boden - See

seine Frau werden sollte. Nach dem Frühstück in Manzell bestiegen die Fürstlichkeiten erneut ein Dampfschiff, das sie auf die Mainau brachte, um den Fürsten Esterházy zu besuchen. Da dieser offenbar unterwegs war, wurde dort nur diniert. Anschließend ging es auf dem gleichen Weg wieder zurück nach Friedrichshafen. Die Zuneigung des Markgrafen nahm immer deutlichere Züge an, sodass er immer häufiger die Nähe der Herzogin suchte. Einige Tage später unternahmen die Herrschaften, erweitert um die Fürstin und den Fürsten von Fürstenberg, eine Dampferfahrt nach Ludwigshafen (bei Bodman). Dort bestiegen sie eine Kutsche und fuhren wohl über Konstanz nach Hohenrain (Wäldi), um das dortige Belvedere zu besteigen und die grandiose Aussicht zu genießen. Über den Wolfsberg, das schon erwähnte Gästeschloss der Bonapartes, kehrte man nach Ludwigshafen zurück. Dass die Gesellschaft nicht nach Arenenberg fuhr, darf nicht verwundern. Sicher wussten die Hohen Herrschaften, dass sich Königin Hortense und Prinz Louis Napoléon zu diesem Zeitpunkt nicht dort aufhielten.

Durch den Ausbruch der Juli-Revolution in Frankreich (König Charles X wurde gestürzt, und König Louis Philippe, der sogenannte Bürgerkönig, kam an die Macht) fand dieses biedermeierliche Idyll ein

Promenade durch die markgräflichen Weinberge bei Konstanz-Petershausen.

Linke Seite oben: Schloss Petershausen von Süden.

Linke Seite unten: Schloss Salem von Osten (Nikolaus Hug).

Im Ostflügel von Kloster und Schloss Salem befinden sich heute die markgräfliche Verwaltung sowie Privaträume des Hauses Baden.

Rechte Seite: Der prachtvolle Kaisersaal von Schloss Salem. Kulisse für begeisternde Konzerte.

jähes Ende. Die Hochzeit zwischen Herzogin Elisabeth und Markgraf Wilhelm verhinderte sie aber nicht. Das glückliche Paar verbrachte in der Regel die Sommermonate am See und widmete sich den oben geschilderten Vergnügungen. Allerdings nicht nur, der Markgraf konzentrierte sich neben eigenen gesellschaftlichen Anlässen wie Konzerten und Einladungen im berühmten Kaisersaal um die Verschönerung und vor allem auch Verbesserung der Ökonomie seiner Bodensee-Liegenschaften. Die Landwirtschaft, der Wald und gerade der Weinbau hatten es ihm besonders angetan. Durch die Anpflanzung von neuen Obst- und Rebsorten gelang es ihm, aus der verwahrlosten Kloster- bzw. Schlossanlage seiner Vorgänger ein bis heute bewundertes Mustergut zu machen.

Den Hintergrund für die ohne Zweifel notwendigen Verbesserungen kann niemand besser beschreiben als der Markgraf selbst: »Mit Metzger [dem Gartenbauinspektor] probierte ich allen vorrätigen Wein in unseren Kellern, es war ein Vorrat von 1200 Fuder vorhanden, derselbe

In den markgräflich badischen Weinkellern verbinden sich Tradition und Moderne. Heute entstehen dort hervorragende Weine.

Einfahrt eines badischen Dampfschiffes in Konstanz (Nikolaus Hug).

Rechte Seite: Schloss Salem und seine prachtvollen Gärten.

aber so schlecht, dass Metzger jedes Mal bei einer neuen Probe ausrief, das ist eine wahre Cochonnerie [Schweinerei], und sofort den Wein wieder ausspie. Das machte mich herzlich lachen und führe ich dies wiederum an, um zu zeigen, wie der Seewein damals im Vergleich von jetzt ist. [...]

Schon wenige Jahre später war in Betreff der Reben und deren besseren Behandlung recht viel geschehen, und der das Jahr zuvor erzeugte Wein lieferte schon ein recht schönes Resultat, das über meine Erwartungen ging.«

Mit welchem Hauptverkehrsmittel sich die (hohen) Herrschaften gegenseitig besuchten, lässt sich heute nicht mit Sicherheit sagen. Ganz der Tradition folgend, nutzten viele die Kutsche, andere ritten zu Pferd, wieder andere gingen zu Fuß. Moderne Zeitgenossen des beginnenden 19. Jahrhunderts pflegten mit dem Raddampfer anzureisen. Markgraf Wilhelm von Baden beschreibt dies wiederum in seiner unnachahmlichen Art: »Mit dem Dampfschiff [...] machten wir eine Exkursion nach Petershausen, bei welchem Anlass der Fürst Esterházy beim Vorüberfahren an der Mainau, die ihm angehörte, uns mit seinem Geschütz

Eingang

begrüßte. Bald darauf machte mir der Fürst einen Besuch in Salem, den ich ihm gleich darauf am 23. Juli [1832] zurückgab. Der Fürst empfing mich sehr freundlich wie auch die Madame Plaideux, die ich von Neapel her kannte.«

Neapel! Daraus ersieht man, dass die Grünen Fürsten und ihre Angehörigen nicht ständig am Bodensee wohnten. Die Familie Esterházy-Plaideux beispielsweise reiste von hier aus immer wieder zurück nach Wien, nach Paris oder Nizza. An jedem dieser Orte (und nicht nur dort) besaß Marie-Louise Plaideux ein Haus oder Palais, das der Fürst ihr in besseren Zeiten geschenkt hatte. Im Winter war Italien (Rom oder Neapel) das Ziel der Reisen. Unterwegs traf man sich mit Freunden und Bekannten oder lernte neue Personen kennen, mit denen man Einladungen austauschte. In ähnlicher Form galt dies natürlich auch für die Markgrafen von Baden oder die Bewohner des Arenenbergs. Politische Veränderungen sorgten allerdings immer wieder für Neuorientierungen. Aufgrund seiner Teilnahme am sogenannten »Karbonari-Aufstand« gegen den Kirchenstaat und die habsburgische Herrschaft in Italien durften Prinz Louis Napoléon und seine Familie zum Beispiel nicht mehr dorthin reisen. Auf abenteuerlichen Pfaden gelangten sie zurück an den Bodensee. Im Tross von Königin Hortense flohen weitere junge Männer, die ebenfalls in Konstanz, auf Arenenberg und im Thurgau temporär Unterschlupf fanden.

Die nächste Generation: Baronin Betty von Mainau und die Jeunesse dorée vom Bodensee

Fürst Nikolaus II. Esterházy blieb Italien zeit seines Lebens verbunden. Wann immer möglich, reiste er dorthin. Auf einer dieser »Fluchten« Richtung Süden starb Il Magnifico völlig unspektakulär am 25. November 1833 an den Folgen einer Darmentzündung in Como, selbstverständlich in den Armen seiner großen Liebe Marie-Louise Plaideux, die nun den Titel einer Baroness von Mainau trug. Am 10. Dezember wurde er in der Gruft des Franziskanerklosters von Eisenstadt beigesetzt. Ob Marie-Louise daran teilnehmen durfte, ist nicht bekannt.

Sie selbst verstarb zwei Jahre später in Wien. Von ihrem ursprünglichen Vermögen scheint schon vor ihrem Tod nicht mehr viel übrig geblieben zu sein, denn nach ihrem Ableben versteigerte der Vormund ihres Sohnes in Konstanz »alle (ihre) vorzüglichen Pretiosen, Edelsteine, Perlen Gold und Silber gegen sofortige Barzahlung«.

Kein Wunder, denn neben dem schon ausführlich beschriebenen eher »gesetzten« gesellschaftlichen Leben der »älteren Generation« (Fürst Esterházy, Großherzog Ludwig, Markgraf Wilhelm, Königin Hortense und anderen) spielte sich am See auch ein in vielen Anekdoten überliefertes Leben der *Jeunesse dorée* ab. Präsidiert wurde diese ohne Zweifel von Prinz Louis Napoléon, der wohl auch der Älteste in diesem Kreis

Prinz Louis Napoléon (Hortense de Beauharnais).

war. Dazu gehörten neben den weiblichen und männlichen Sprösslingen der heimischen (adligen und bürgerlichen) Honoratioren natürlich auch die unehelichen Kinder des Fürsten Esterházy. Waren die beiden Töchter zu Beginn der 1830er Jahre bereits verheiratet und immer nur peu à peu zu Besuch, lebte Nikolaus mehr oder minder ständig auf der Mainau. Prinz Louis Napoléon scheint eine Art von »großer Bruder« gewesen zu sein. Die Erzählungen über gemeinsame Streiche der beiden gehörten noch vor fünfzig Jahren zum kollektiven Geschichtsbild von älteren Damen und Herren der »besseren Gesellschaft« in Konstanz, Überlingen oder dem Thurgau. Mit großer Freude erzählte man sich während Kaffeekränzchen von den »Liederlichkeiten« dieser

General Bonaparte auf der Brücke von Arcole (Jean Antoine Gros).

»Halbstarken« des beginnenden 19. Jahrhunderts. Der Freundeskreis habe nicht einmal Respekt vor betagten Angehörigen des alten Adels gehabt, entrüstete man sich zum Beispiel. Bevorzugtes Ziel sei eine alte Gräfin gewesen, die regelmäßig auf der Mainau und Arenenberg verkehrte. Bei ihren Aufenthalten dort habe die Dame immer eine Art Rundreise zu den verschiedenen Gemälden der wertvollen Sammlung von Königin Hortense zu machen geruht. Wieder berichtet der schon erwähnte Johann von Hard: »Da steht sie [die Gräfin] nun schon geraume Zeit vor dem berühmten Bilde, das den Kaiser Napoleon auf der Brücke von Arcole, die Fahne in der Hand haltend, vorstellt. ›Was hält der Kaiser denn nur in der Hand?‹, fragt sie mit halblauter Stimme den

Vermutetes Portrait des Freiherrn Nikolaus von Mainau (Emanuel Labhardt).

zufällig neben sich stehenden Spaßvogel [den Sohn des] Herrn von E[sterházy]. ›Nun, was denn anderes als eine Bassgeige‹, gibt ihr dieser zur Antwort, ›ebenso wie König David, mit seiner Harfe im Arme, vor der Bundeslade einher tanzte, tut es hier der Kaiser mit einer Bassgeige.‹ – ›Diable, das wusste ich nicht‹, gab die Gräfin naiv zur Antwort, während ein unnennbares Gelächter um sie herum ausbrach. [Es war

Prinz Louis Napoléon] der, den eigenen Lachreiz völlig bekämpfend, [die Situation galant rettete,] der alten Dame den Arm bot und ihr den Vorschlag machte, mit ihm die neuen Gartenarbeiten zu besichtigen.«

Auch seien die beiden (Louis Napoléon und Nikolaus Plaideux-von Mainau) stets viel zu schnell durch Konstanz geritten oder hätten auf

Blick in die Konstanzer Hussenstraße. Rechts das repräsentative Stadtpalais der Familie Esterházy-Plaideux- von Mainau (Egidius Federle).

der mittelalterlichen hölzernen Rheinbrücke geraucht (was beides streng verboten war). Wurden sie erwischt, warfen sie den Polizeidienern die bereitgehaltene Strafe einfach vor die Füße.

Dann natürlich die vielfältigen Amouren, eine Art »Bäumchen-wechsel-dich-Spiel« in der Zeit der Romantik. Zwar spricht die offizielle Geschichtsschreibung der Zeit davon, die Mütter hätten höchst aufmerksam über ihre Töchter gewacht und sich tugendhaft bemüht, diese besonders vor den beiden Genannten, aber auch vor anderen jungen Männern dieser »Clique« zu schützen, jedoch sehr erfolgreich scheinen sie nicht gewesen zu sein. Eine dieser »Jungfern« oder »Demoiselles« nimmt in ihrem Tagebuch kein Blatt vor den Mund und schreibt ohne Scheu, sie und ihre Freundinnen hätten die Freuden des Lebens in vollen Zügen ausgekostet. Man besuchte die Bäder und Gasthäuser in Überlingen, machte in Meersburg die Weinstuben unsicher und frequentierte Lokale in Kreuzlingen, Konstanz und im Thurgau. Die zu diesem bunten Kreis gehörenden jungen Damen und Herren gaben ihr Geld mit beiden Händen aus und folgten dabei – vielleicht ohne es zu wissen – der Geisteshaltung des verstorbenen Fürsten Nikolaus II. Esterházy.

Dessen Bodensee- bzw. Mainauer Erbe hatte – wie gesagt – sein Sohn Nikolaus (1814–1841) angetreten. Sein Vater vermachte ihm gleichzeitig mit der Mainau auch die Herrschaft Gailingen am Hochrhein und den Malaienhof, ein Gut in der Nähe von Pfullendorf. Natürlich besaß die Esterházy-Plaideux-von Mainau-Familie auch repräsentative Stadtsitze in Konstanz und wohnte teilweise dort. Anfänglich war es das Haus Zum Hohen Hirschen in der heutigen Wessenbergstraße. Später genügte das mittelalterliche Patrizierhaus nicht mehr. Nikolaus wollte einen prachtvollen Neubau und bekam ihn natürlich. In der damaligen Sankt-Pauls-Straße (heute Hussenstraße) entstand ein wahres und für damalige Verhältnisse hochmodernes Palais. Neben dem architektonisch spektakulären Vorderhaus zur Hauptstraße von Konstanz umfasste es zahlreiche Nebengebäude und Stallungen sowie einen für innerstädtische Verhältnisse fast schon feudal zu nennenden Garten bis hinunter zur früheren Augustiner Straße (heute Rosgartenstraße). Absolut standesgemäß. Ganz so, als ob es in Wien gebaut worden wäre.

Baron Nikolaus, genannt »Niki«, der vom Volksmund als der »rasende« (sprich »verrückte«) Mainau bezeichnet wurde, ging mit dem Geld genauso sorglos um wie sein Vater. Im Gegensatz zu ihm verfügte er aber über keine ständig fließende Apanage. Kaum war er volljährig (1836), wurde er auch schon unter staatliche Vormundschaft gestellt.

Linke Seite: Barbara (Betty) Mumb von Mühlheim, verh. Freifrau (Baronin) von Mainau.

Louisenberg
Salenstein
Mannenbach
Arenaberg
Lilienberg
Hard
Ehemal. Jesuit. Kloster

Triboldingen
Hertler
GOTTLIEBEN
Löhnerhof
Ziegelhütte
Paradies
EMISHOFEN
CONSTANZ
Bellevue
Schäpfle
EGELSHOFEN
KREUZLINGEN
Hörnli
Ramisberg
Gaisberg

Bühne für Liebende: Die Landschaft zwischen Arenenberg, Konstanz und der Insel Mainau.

Ein Zeitzeuge berichtete: »Der junge Herr lebte etwas zu flott unter der Rücksicht auf sein Vermögen und musste, wie sein Vater, der Fürst, vom Staate aus in Schutz genommen werden. Mainau starb am 7. Juni 1841, erst 27 Jahre alt, unter der Last seiner Sünden zu Nizza in Sardinien.« [sic]

Das Gut Lilienberg der verwitweten Baronin von Mainau.

Rechte Seite: Kaiser Napoleon III. (Franz-Xaver Winterhalter).

Natürlich ging von einem solchen Leben ein ungemeiner Reiz aus. Erlag diesem auch Barbara »Betty« Mumb von Mühlheim (1818–1865), die Tochter eines hochdekorierten österreichischen Generals? Sie heiratete um 1835 Nikolaus von Mainau und gehörte spätestens ab diesem Zeitpunkt zur erwähnten Jeunesse dorée. Was die adrette und wohl auch lebenslustige junge Österreicherin mit böhmischen Wurzeln an

dem »rasenden Mainau« fand und wie sie an den Bodensee kam, lässt sich momentan nicht sagen.

Kannte sie ihren »Niki« vielleicht schon von früher? Möglicherweise auch Louis Napoléon? Der kaiserliche Spross war zwar nie in Wien gewesen, aber regelmäßig im damals zu Österreich gehörenden Italien, wo Betty zeitweise aufwuchs. Immerhin heiratete sie später (in dritter Ehe) einen Jugendfreund des Prinzen aus dem Carbonari-Umfeld.

Klar ist, dass sie sich abgrundtief in Louis Napoléon verliebte und wohl zeitweise mit ihm in Konstanz zusammenlebte. 1836 brachte sie die

Biedermeierliches Familienidyll auf dem Turm des Konstanzer Münsters.

Tochter Nathalie, ihr erstes Kind, auf die Welt. Wie gesagt, Affären und/oder Liaisons waren an der Tagesordnung. Was die Sache aber aus heutiger Sicht ausgesprochen reizvoll macht, ist ein bewegender Liebesbrief, den Betty von Mainau im September 1836 an Louis Napoléon schrieb. Es handelt sich dabei um den einzigen bekannten Liebesbrief an den späteren Kaiser. Das Schreiben erlaubt einen ausgesprochen intimen Einblick in die Lebenswelt der Familie des Fürsten Esterházy am Bodensee. Einen schöneren Schluss für dieses Buch kann es also kaum geben.

[Betty (Barbara) von Mainau An Prinz Louis Napoléon]

Konstanz, den 26. September [1836]

Mein teurer Louis!

Wie soll ich Dir beschreiben, was ich gestern empfand, als Conneau [lebenslanger Freund und Leibarzt des Prinzen. Gebürtiger Italiener; lebte auf Arenenberg] *mir das Geld übergab. Ich muss gestehen, dass die erste Empfindung schmerzlich war; es traten mir unwillkürlich Tränen in die Augen. Ich erwartete mit Schmerzen eine Antwort von Dir auf meine Frage, ob es wahr sei, dass Du Louise* [de] *Crenay* [Nichte eines französischen Generals, lebte mit ihren Stiefeltern unweit des Arenenberg auf dem nach ihr benannten Schloss Louisenberg] *liebst, und statt dem schickst Du mir Geld, als wolltest Du mir meine Liebe bezahlen und damit sagen: nun sind wir quitt. – Als ich aber mehr überlegte,* [kam ich zu dem Schluss] *ich müsste Dir doch für die zarte Weise danken, mit der Du mir das Geld übersandtest. – Sobald ich kann, werde ich es Dir zurückerstatten. – Wo soll ich aber die Worte hernehmen, um Dir meinen Dank, für alle Deine vielen Freundschaftsbeweise, so auszudrücken, wie ich es fühle. Erstens danke ich Dir für den Rat, Conneau als Arzt zu nehmen, denn oft wäre ich fast verzweifelt in meinem Leiden, hätte ich Conneau nicht gehabt. Er vereint so sehr den wahren Freund in der Person des Arztes. Dann muss ich Dir auch noch danken, ihm Pferd und Wagen gegeben zu haben, denn wie hätte ich die letzte Zeit sonst Conneau sehen können? Und was für Opfer hast Du mir gebracht, in dem Du mich in allen Wettern besuchtest, nur um Dich zu langweilen, in dem [Du] nur immer eine leidende Person vor Dir sahest.* […]. *Kurzum* nimm meinen *innigsten Dank für alles, alles, was Du für mich tatest. Wie werde und könnte ich einen solchen Freund vergessen? Ich kann Dir nicht sagen, wie traurig es mich stimmte, als ich in diese [unsere] Wohnung wieder einzog; jede Stelle erinnert mich an das Ehemals und Jetzt. Das Erste, was meinem Auge begegnete, war: N.B.* [Napoléon Bonaparte – der Prinz benutzte diesen Namen nach dem Tod des gleichnamigen eigenen Bruders; Louis liebte es, sein Monogramm in Fenster einzugravieren] *in der Fensterscheibe. Ich glaubte wirklich es von Herzen nicht aushalten zu können; bei jedem Pferdegetrappel glaube ich, Du kämest. Jetzt, wo ich gottlob ganz wohl bin / nur, dass ich nicht gehen kann / Kann ich Dich nicht einmal sehen? Wirst Du denn noch lange nicht in die Stadt dürfen?* [Louis Napoléon hatte kurz vorher in der Gießerei Rosenlächer Geschütze konstruiert und diese auf dem städtischen Schießplatz abgefeuert. Einige davon explodierten, weshalb dem Prinzen für gewisse Zeit das Betreten von Konstanz verboten worden war]. *Beantworte mir* [bitte] *auch diese Frage. – Wenn es schön Wetter ist, fahre ich immer zum Paradieser-Tor hinaus* [wichtigstes Stadttor von Konstanz Richtung Thurgau]; *gestern war ich vor- und nachmittags draußen, immer in der Hoffnung, Dir irgendwo zu begegnen. Heute habe ich Valérie* [Masuyer, Gesellschaftsdame von Königin Hortense] *um die kleinsten Details der gestrigen Soirée auf dem Wolfsberg befragt; ich freute mich sehr zu hören, dass Du beym Souper nicht neben Louise saßest. Doch ist es gewiss nicht Deine Schuld! Hier lege ich Dir auch die Haare bei. Wenn sie nur noch einen Wert für Dich haben! – Siehst Du noch oft Marie* [Person derzeit nicht ermittelbar; möglicherweise die gleichnamige Schwester des Nikolaus von Mainau oder Betty irrt sich beim Namen; Mathilde Bonaparte lebt zur gleichen Zeit auf Arenenberg und beschäftigt den Prinzen ebenfalls. Es soll zu einer Art Verlobung gekommen sein]*? Ich habe ihr mir zuwideres Gesicht immer vor Augen! Wirst Du mir bald schreiben? Ich finde, Du wartest immer sehr lange mit Deinen Antworten. Ich möchte immer, dass Conneau mir jedes Mal einen Brief brächte. Was macht mein Portrait? Würdigst Du es manchmal eines Blickes? Es wird wohl neben dem schönen Original von Louise sehr verlieren. – Nun lebe wohl, und antworte recht bald.*

Deine Dich immer gleich liebende Betty

[ps]

Von der Mutter viel, viel Herzliches; sie reist drey Wochen nach meiner Entbindung nach Wien [!!!] *ab; in 3–4 Wochen habe ich auch die Niederkunft überstanden; bete für mich, damit es glücklich vorübergehe* [Angst vor dem Kindbettfieber]. *Nach Niki's* [Nikolaus von Mainau, Sohn des Fürsten Esterházy aus der Beziehung mit Marie-Louise Plaideux] *Aussage bist Du der Vater dieses Kindes* [!!]; *ich gratuliere Dir zu dieser neuen Würde, doch weiß ich nichts davon. Weißt Du etwas? So geschickt bist Du nicht! –*

[pps]

Die Mutter bittet schön um Zeitungen. Noch einmal Adieu, chèr ami, je t'aime de tout mon cœur. –

[ppps]

Dürfte ich Dich wohl um eine Gefälligkeit ersuchen, nämlich, dass Conneau der Mme Lindsay [Witwe eines englischen Generals, lebte auf Schloss Hard oberhalb Ermatingen, nahe Arenenberg. Große Musikkennerin, als Kritikerin aber auch sehr gefürchtet] *beyliegende Musik von mir aus mit Dank übergebe und zugleich sie bitte, mir meine zwei Lieder, welche Maschinka* [europaweit gefeierte Sängerin] *einmal bei ihr vergaß,* [mir] *zurückzusenden; sie heißen »das Lebewohl« und »das* [sic] *Alpenchor«. Vielleicht kann Conneau sie mir morgen bringen.*

Ob wirklich Louis Napoléon der Vater von Nathalie von Mainau war, lässt sich nicht mit abschließender Sicherheit sagen. Allerdings spricht vieles dafür. Der Kontakt zwischen Betty und Louis blieb lebhaft. Er besuchte sie nach Aussage des Markgrafen Wilhelm von Baden noch 1838 auf der Mainau. Der Prinz interessierte sich auch weiter für ihr Leben und erkundigte sich zum Beispiel in einem Schreiben aus dem Jahr 1842 (an die im obigen Brief erwähnte Louise de Crenay) nach dem Befinden von Betty. Diese hatte im gleichen Jahr den Freiherrn Edgar von Fingerlin-Bischingen (1810–1845) geheiratet, einen Jugendfreund des Prinzen. Edgar starb wenige Jahre später offiziell an den Folgen eines Jagdunfalls – es wird aber immer wieder von einer Eifersuchtstat gesprochen, begangen durch seinen Bruder Alfred (1808–1890). Betty kehrte anschließend ins österreichische Kaiserreich zurück und heiratete in Italien Giovanni »Girolamo« Battista Marquis Zappi (1816–1885), ebenfalls ein Jugendfreund von Louis Napoléon, der zeitweise auf Arenenberg gelebt hatte.

Bereits 1848 kehrte sie an den Bodensee zurück, wo sie den Lilienberg kaufte, eine nur wenige Hundert Meter vom Arenenberg entfernte Villa. Dort lebte sie für einige Jahre mit ihrer im Brief erwähnten Tochter Nathalie bzw. deren Familie. Ob Betty ihren gesamten Lebensabend dort verbrachte, ist momentan unklar. Sie starb 1857 in Rom, nachdem sie insgesamt acht Kindern das Leben geschenkt hatte!

Louis Napoléon scheiterte Ende Oktober 1836 (also keine vier Wochen nach Erhalt des Briefes) in Straßburg mit seinem ersten Putschversuch gegen König Louis Philippe. Er wurde nach Nordamerika in die Verbannung geschickt, kehrte aber auf die Nachricht von der schweren Erkrankung seiner Mutter wieder an den Bodensee zurück. Nach ihrem Tod lebte er abwechselnd im Schloss Gottlieben und auf Arenenberg. Der Kontakt zur Mainau blieb intensiv bestehen. Ende 1838 musste er auf massiven politischen und militärischen Druck Frankreichs das Bodenseegebiet endgültig verlassen und ging zunächst nach England ins Exil. Nach seinem zweiten vergeblichen Putsch (1840) wurde er inhaftiert, konnte aber nach einigen Jahren aus der Haft fliehen und lebte fortan im englischen Exil. Dort widmete er sich unter anderem in Schottland erfolgreich der Planung und Anlage von Gärten. Nach der Absetzung des Bürgerkönigs Louis Philippe (1848) wählte das französische Volk den Neffen Kaiser Napoleons I. zum Präsidenten der Republik. 1852 schuf er über eine Volksabstimmung das Zweite Kaiserreich, an dessen Spitze er bis 1870 stand. Eines seiner Lieblingsprojekte war die Verbesserung der Volksgesundheit durch die Anlage von ungezählten Grünanlagen. Das gilt besonders für Paris.

Den Bodensee hat er nie vergessen. Napoleon III. sah in ihm immer seine Heimat. In einem entzückenden Brief an Gräfin Amélie von Zeppelin (die spätere Mutter des berühmten Luftschiffbauers; auch sie gehörte zur Jeunesse dorée) schreibt er:

»Glauben Sie mir, in Konstanz liebe ich alle – diejenigen, die mir Freundschaft bezeugt haben, wie diejenigen, die mir gar nichts gezeigt haben; mit dem Unterschied freilich, dass ich die ersteren etwas lieber habe.

Ich werde mich immer mit Rührung meiner Abfahrt von Konstanz erinnern. Wie oft am Tage muss ich seufzen, wenn ich an Arenenberg denke, an Konstanz und Gottlieben! [...]

Ich bin so jung in Ihr Land gekommen, dass ich darin Wurzeln geschlagen habe; ich könnte mich daher auch niemals ganz verpflanzen. Wie ein abgehauener Baum lasse ich meine Wurzeln dort, wo ich Freunde zähle und wo mich so viele Erinnerungen festhalten.«

Literaturempfehlung

Egli, Christina, Napoleon III. Kaiser und Landschaftsgestalter, Blois 2023.

Gügel, Dominik und Egli, Christina (Hg.), Arkadien am Bodensee. Europäische Gartenkultur des beginnenden 19. Jahrhunderts, Frauenfeld 2005.

Gügel, Dominik und Egli, Christina (Hg.), Hortense de Beauharnais, Schicksalsjahre einer Königin, Konstanz o. J.

Gügel, Dominik, Zeitreise Konstanz und der westliche Bodensee, Tübingen 2022.

Gügel, Dominik, Die schönsten Bodenseegärten und ihre Geschichte, Tübingen 2021.

Körner, Stefan, Nikolaus II. Esterházy (1765–1833) und die Kunst. Biografie eines manischen Sammlers, Wien 2013.

Staatliche Schlösser und Gärten Baden-Württemberg (Hg.), Sommerfrische in Salem. Das Haus Baden am Bodensee, Salem 2012.

Bildnachweis

Châteaux de Malmaison et Bois-Préau: S. 26–27, 55 unten, 73; Christina Egli: S. 10–11, 13, 32, 33; Esterházy Privatstiftung, Schloss Eisenstadt, Bauplansammlung, BP 0474: S. 78; Esterházy Privatstiftung, Schloss Eisenstadt, Gemäldesammlung, B 14, Foto G. Wasserbauer: S. 36, hintere Umschlaginnenseite; Esterházy Privatstiftung, Schloss Eisenstadt, Gemäldesammlung, B 44, Foto G. Wasserbauer: S. 15; Esterházy Privatstiftung, Schloss Eisenstadt, Gemäldesammlung, B 75, Foto G. Wasserbauer: S. 43, Umschlagrückseite Mitte; Esterházy Privatstiftung, Schloss Eisenstadt, Gemäldesammlung, B 94, Foto G. Wasserbauer: S. 28; Esterházy Privatstiftung, Schloss Eisenstadt, Grafiksammlung, GR 611: S. 30; Esterházy Privatstiftung, Schloss Eisenstadt, Grafiksammlung, GR 1285: S. 66; Esterházy Privatstiftung, Schloss Eisenstadt, Kartensammlung, KA 0699: S. 76; Familienarchiv Gügel-Frank, Foto Dominik Gügel: S. 7, 74, 77, 82, 84, 92 unten, 104, 106–107, 134, 135, 139, Umschlagrückseite unten; Familienarchiv Gügel-Frank, Foto Petra Reinmöller: S. 136–137; Familienarchiv Gügel-Frank, Grafiksammlung: S. 41, 46–47, 52–53 oben, 56–57, 60–61, 62–63, 68, 69, 70–71, 75, 80 unten, 83, 93, 100, 109, 111, 132 oben und unten, vordere Umschlaginnenseite, 138, 144, 152–153; Generallandesarchiv Karlsruhe: S. 129; Grafische Sammlung München: S. 79; gemeinfrei: S. 35, 38; KWA Parkstift Rosenau, Foto Dominik Gügel: S. 133; Mainau GmbH, Foto Dominik Gügel: S. 45, 59, 94, 95, 101; Napoleonmuseum Arenenberg, Foto Helmuth Scham: S. 92 oben, 160, vordere Umschlagklappe, Umschlagrückseite oben; Napoleonmuseum Arenenberg, Bibliothek: S. 118; Napoleonmuseum Arenenberg, Gemäldesammlung: S. 9, 16–17, 21, 22–23, 24, 80–81 oben, 86–87, 116, 126, 143, 151; Napoleonmuseum Arenenberg, Grafiksammlung: S. 40, 49, 50, 52 unten, 54–55 oben, 88–89, 91, 97, 98–99, 112, 114–115, 123, 124, 142, 148–149; Napoleonmuseum Arenenberg, Miniaturensammlung: S. 12, 29; Napoleonmuseum Arenenberg, Skulpturensammlung, Foto Daniel Steiner: S. 120; Privatbesitz: S. 146, 150; Rosgartenmuseum Konstanz: S. 64; Rutishauser Kunst- und Kulturfonds der gemeinnützigen Stiftung ACCENTUS: S. 58, 96, 145; Staatliche Schlösser und Gärten Baden-Württemberg, Foto Achim Mende: S. 130–131; Thorvaldsens Museum, Foto Jakob Faurvig: S. 31

Das Palais von Schloss Arenenberg mit der Insel Reichenau und dem Untersee.